Schreibe in die große **1** viele Male eine **1**.

In welcher Eistüte ist nur eine Kugel Eis?
Male die richtige Tüte an.

Zahlen

Schreibe in die große **1** viele Male eine **1**.

In welcher Eistüte ist nur eine Kugel Eis?
Male die richtige Tüte an.

Findest du alle Würfel, auf denen ein Würfelpunkt ist?
Male die richtigen Würfel bunt an.

Übe hier die **1**.

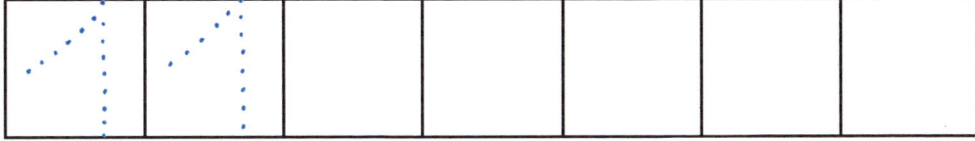

Zählen

Findest du alle Würfel, auf denen ein Würfelpunkt ist?
Male die richtigen Würfel bunt an.

Übe hier die **1**.

Schreibe in die große **2** viele Male eine **2**.
Achte auf die richtige Schreibrichtung.

Übe hier die **2**.

Schreibe in die große **2** viele Male eine **2**.
Achte auf die richtige Schreibrichtung.

Übe hier die **2**.

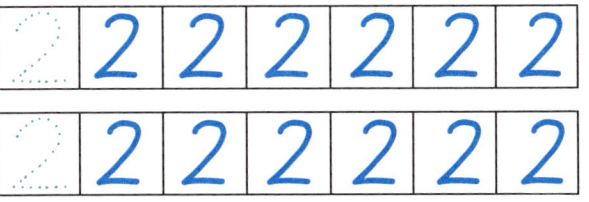

Schreibe in die große **3** viele Male eine **3**.

Übe hier die **3**.

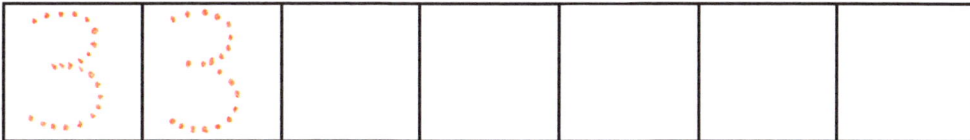

Schreibe in die große **3** viele Male eine **3**.

Übe hier die **3**.

Lösungsseite

In welchen Töpfen sind 3 Blumen?
Male sie an.

Lösungsseite

In welchen Töpfen sind 3 Blumen?
Male sie an.

Zählen

Schreibe in die große **4** viele Male eine **4**.
Achte auf die Schreibrichtung. Male die Flugzeuge an.

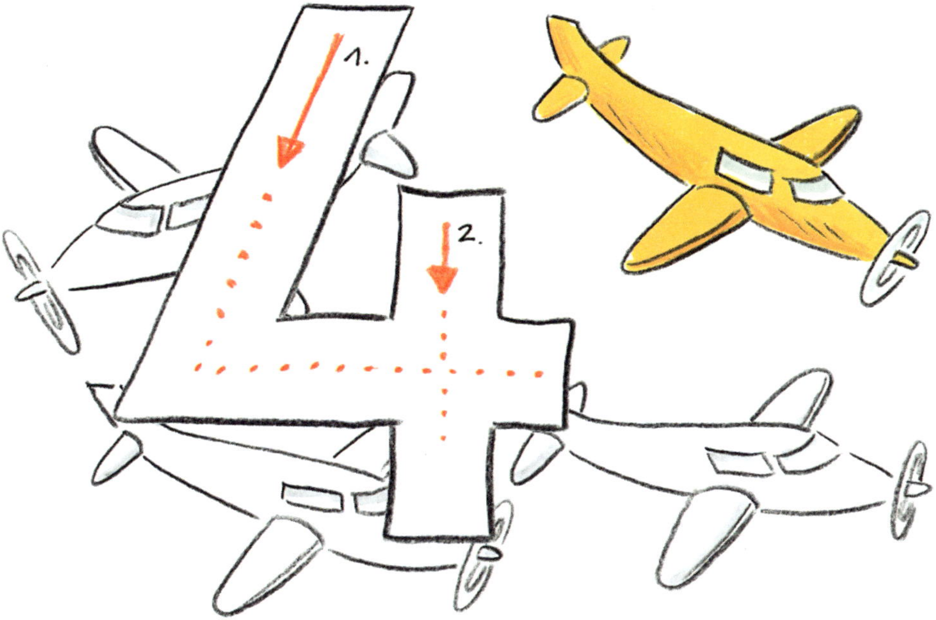

Übe hier die **4**.

Zahlen

Schreibe in die große **4** viele Male eine **4**.
Achte auf die Schreibrichtung. Male die Flugzeuge an.

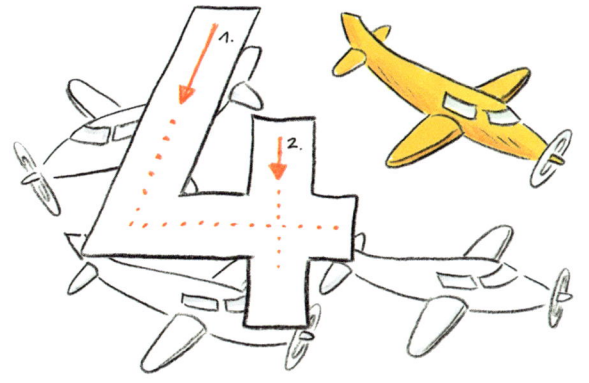

Übe hier die **4**.

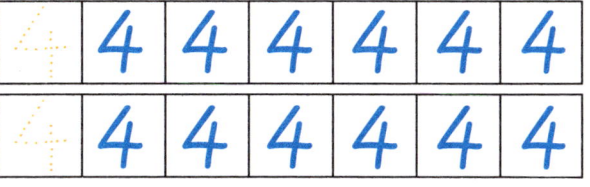

Male alle Flaschen bunt an und schreibe in die große **5** viele Male eine **5**. Achte auf die Schreibrichtung.

Übe hier die **5**.

Male alle Flaschen bunt an und schreibe in die große **5**
viele Male eine **5**. Achte auf die Schreibrichtung.

Übe hier die **5**.

Lösungsseite

14

Wie viele Finger hat die Hand? Male sie ganz bunt an.

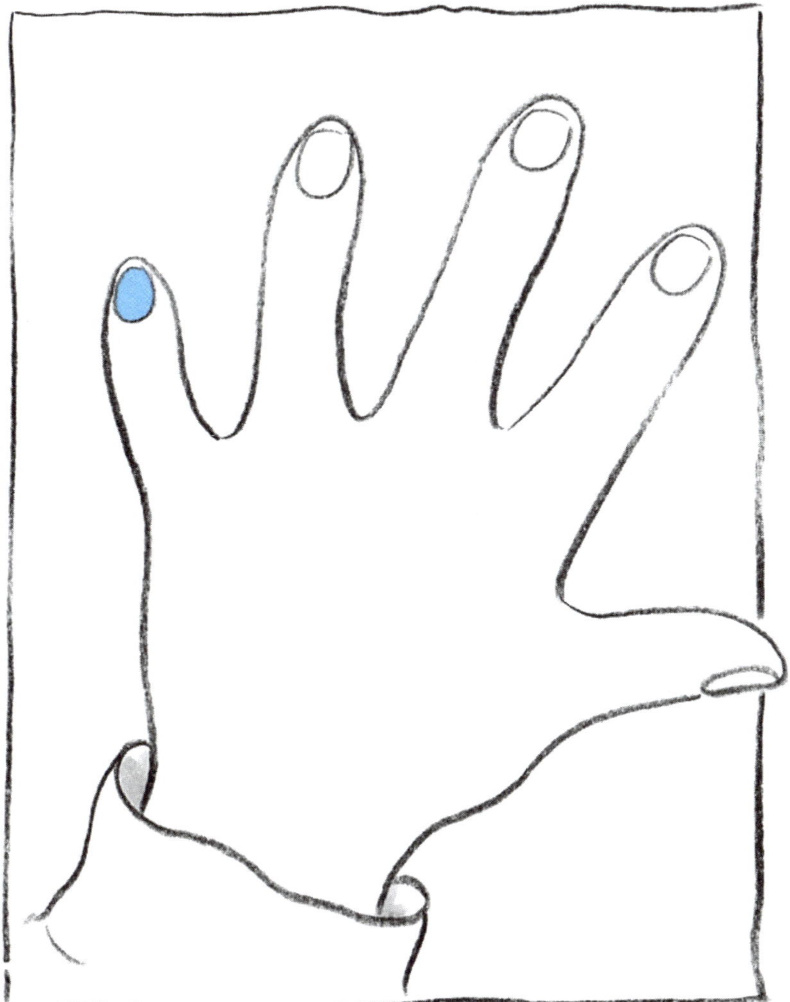

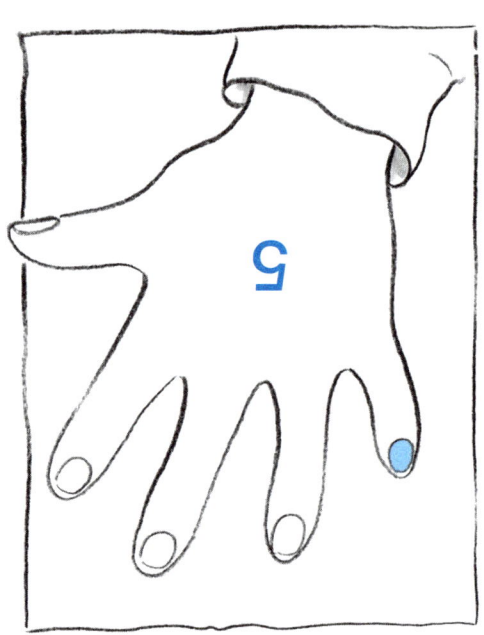

5

Wie viele Finger hat die Hand? Male sie ganz bunt an.

Zählen

Individuelle Lösung

Zahlen und zählen

Welche Zahlen passen zu den Bildern?
Schreibe sie in verschiedenen Farben daneben.

Zahlen und zählen

Welche Zahlen passen zu den Bildern?
Schreibe sie in verschiedenen Farben daneben.

1	1	1	1	1	1	1

2	2	2	2	2	2

3	3	3	3	3	3	3

4	4	4	4	4	4	4

5	5	5	5	5	5	5

Das kleine Quadrat von unten gibt es dreimal.
Findest du es? Dann kreise es oben ein.

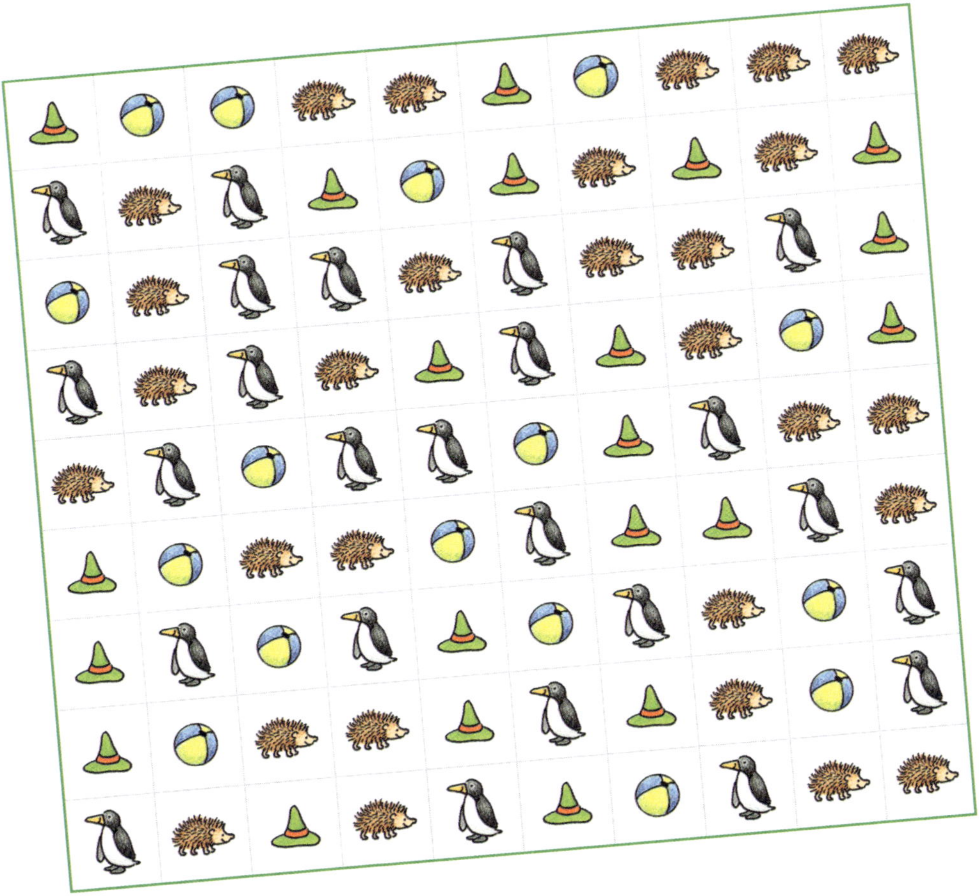

Suchen

Das kleine Quadrat von unten gibt es dreimal.
Findest du es? Dann kreise es oben ein.

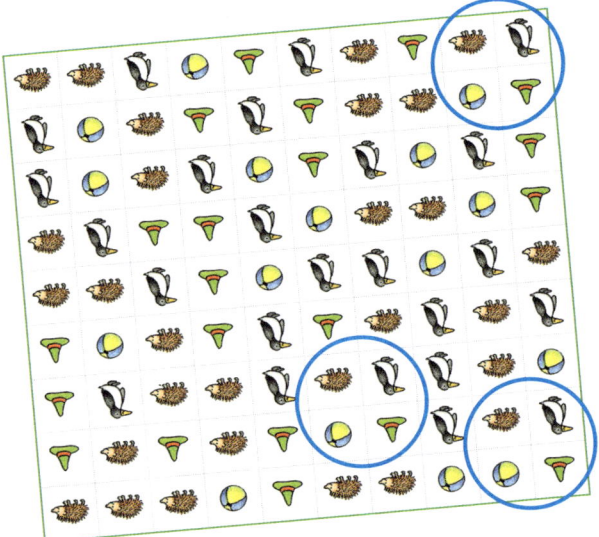

Zu jeder Zahl passen eine Menge und ein Würfel.
Verbinde, was zusammengehört.

2

5

3

1

4

2

5

4

Zahl – Menge – Würfel

Zu jeder Zahl passen eine Menge und ein Würfel.
Verbinde, was zusammengehört.

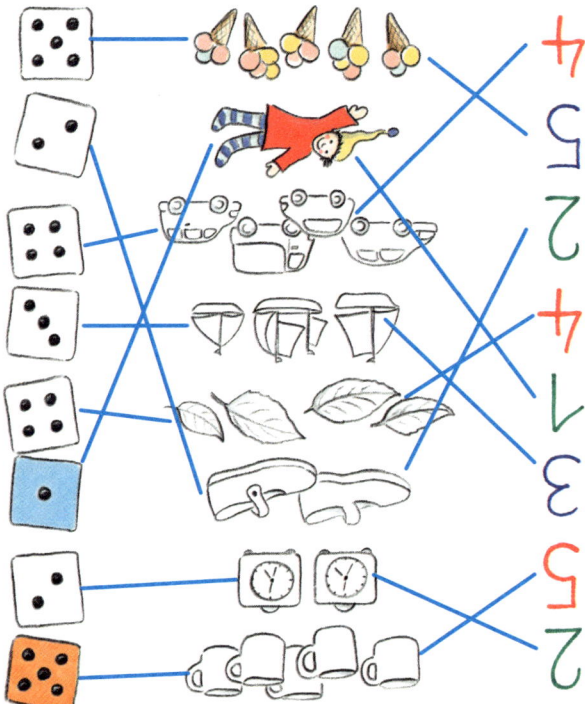

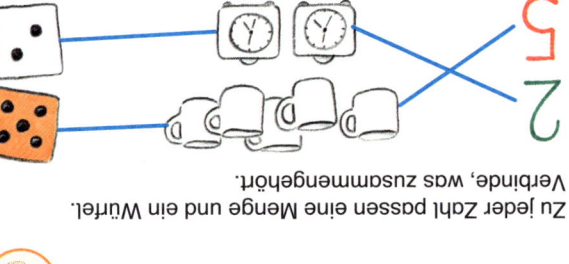

Plusrechnen

Findest du die passenden Plusaufgaben?
Schreibe sie auf und rechne.

🌷🌷 + 🌷	2	+ 1 =	3
🏺🏺🏺 + 🏺🏺	3	+ =	
🪑🪑🪑🪑 + 🪑		+ =	
🐌🐌 + 🐌🐌🐌		+ =	
🏠 + 🏠🏠		+ =	
✏️ + ✏️✏️✏️		+ =	
🐟🐟 + 🐟🐟		+ =	
🦓🦓🦓 + 🦓		+ =	

23

Plusrechnen

Findest du die passenden Plusaufgaben?
Schreibe sie auf und rechne.

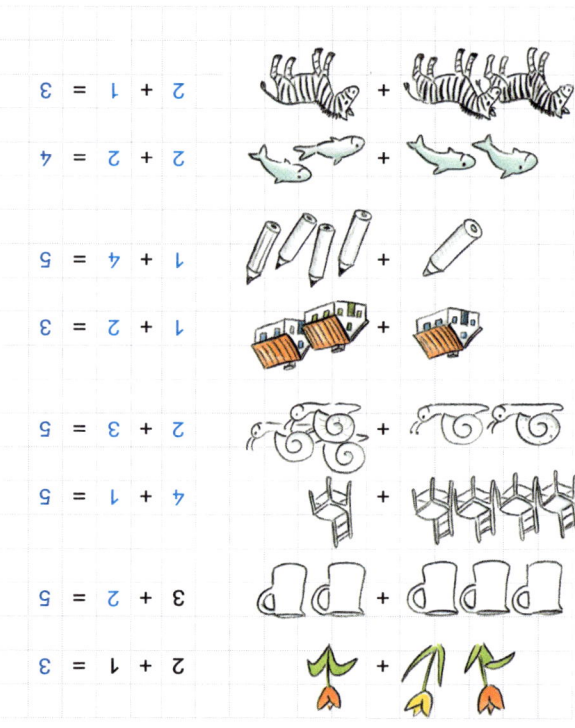

$2 + 1 = 3$

$3 + 2 = 5$

$4 + 1 = 5$

$2 + 3 = 5$

$1 + 2 = 3$

$1 + 4 = 5$

$2 + 2 = 4$

$2 + 1 = 3$

Male die passenden Kästchen an und
rechne die Aufgaben aus.

+ bedeutet plus.
Plus heißt
dazutun!

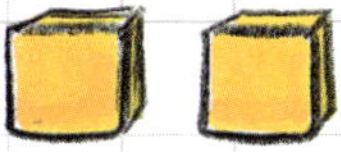

2 + 1 =

1 + 3 =

3 + 2 =

2 + 2 =

4 + 1 =

3 + 1 =

Plusrechnen

Male die passenden Kästchen an und
rechne die Aufgaben aus.

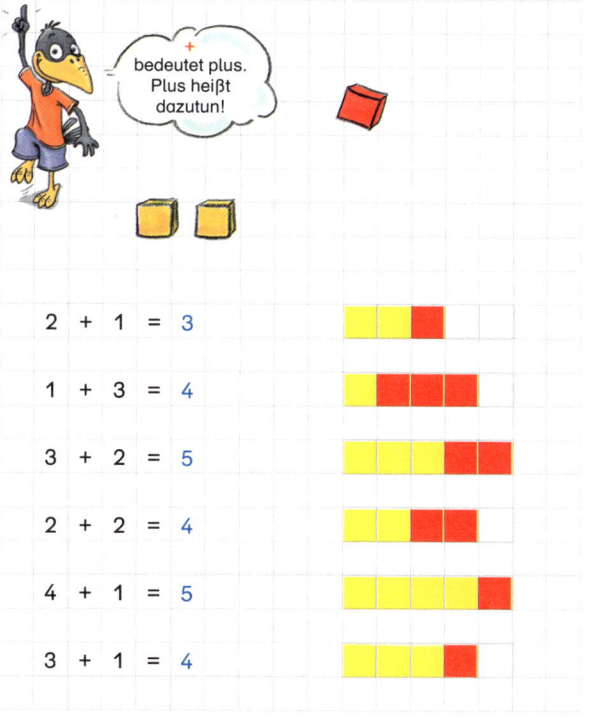

$2 + 1 = 3$

$1 + 3 = 4$

$3 + 2 = 5$

$2 + 2 = 4$

$4 + 1 = 5$

$3 + 1 = 4$

Streiche die richtige Anzahl Birnen weg und
rechne die Aufgaben.

$4 - 2 = 2$

$3 - 1 =$

$4 - 3 =$

$3 - 2 =$

$5 - 3 =$

$5 - 4 =$

$5 - 5 =$

Was bedeutet −?

Minus!
Minus heißt
wegnehmen.

Streiche die richtige Anzahl Birnen weg und
rechne die Aufgaben.

4 − 2 = 2

3 − 1 = 2

4 − 3 = 1

3 − 2 = 1

5 − 3 = 2

5 − 4 = 1

5 − 5 = 0

Was bedeutet −?

Minus!
Minus heißt
wegnehmen.

Schreibe in die große **6** viele Male eine **6**
und male die Pinguine an.

Übe hier die **6**.

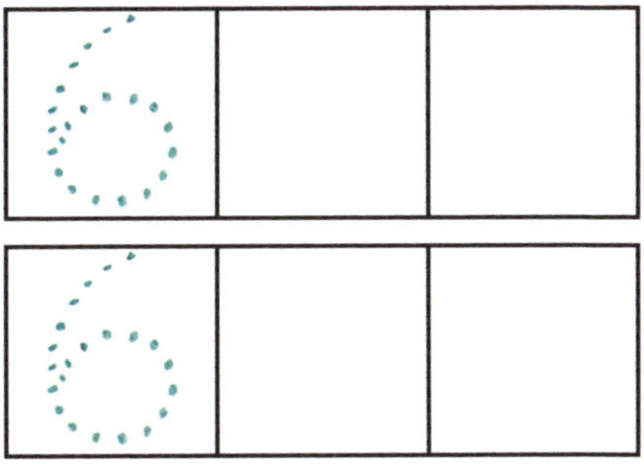

Schreibe in die große **6** viele Male eine **6**
und male die Pinguine an.

Übe hier die **6**.

Zähle die Tiere und verbinde jedes Bild mit der passenden Zahl.

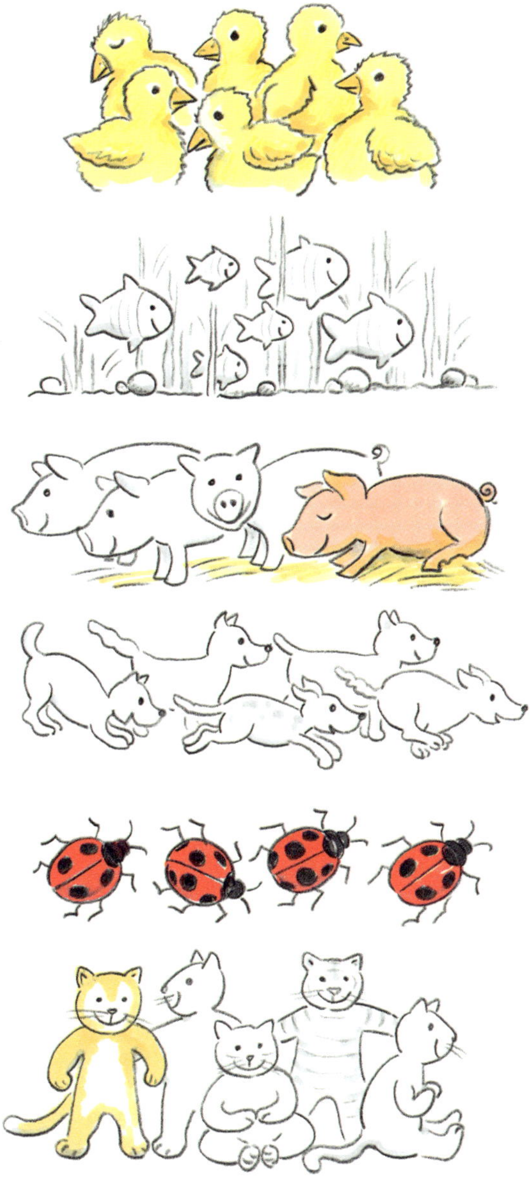

Zählen

Zähle die Tiere und verbinde jedes Bild mit der passenden Zahl.

5

4

6

6

5

4

Malen nach Zahlen

Male die Felder bunt an:

1 ◼ 2 ◼ 3 ◼ 4 ◼ 5 ◼ 6 ◼

Malen nach Zahlen

Male die Felder bunt an:

1 ▣ 2 ▣ 3 ▣ 4 ▣ 5 ▣ 6 ▣

Schreibe in die große **7** viele Male eine **7**.
Achte auf die Schreibrichtung.

1.

2.

Übe hier die **7**.

Schreibe in die große **7** viele Male eine **7**.
Achte auf die Schreibrichtung.

Übe hier die **7**.

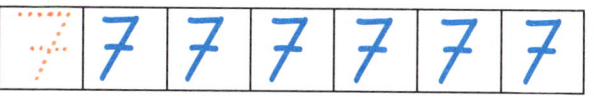

Verbinde jedes Bild mit der passenden Zahl.

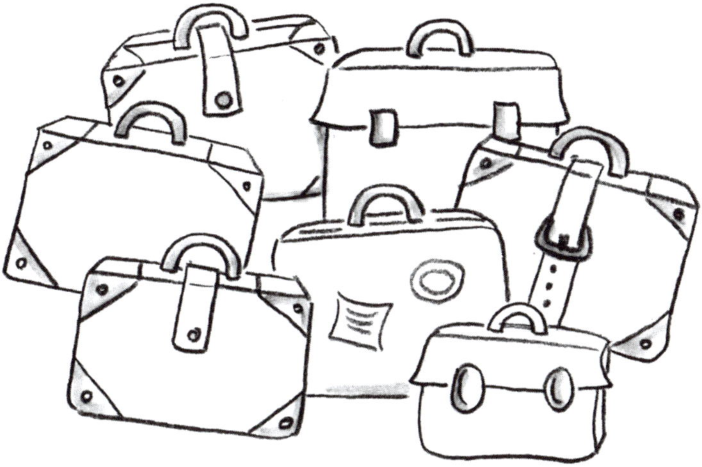

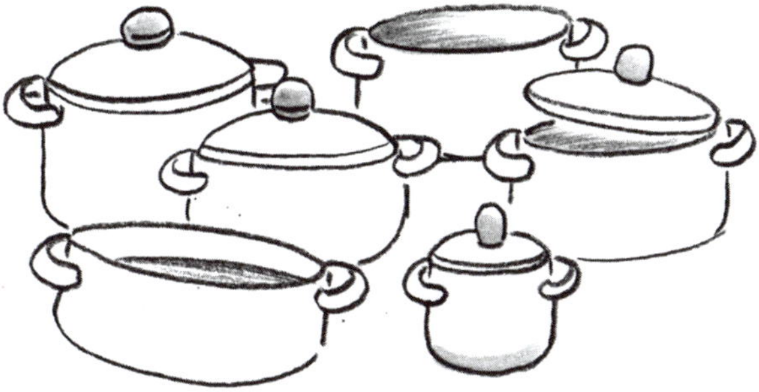

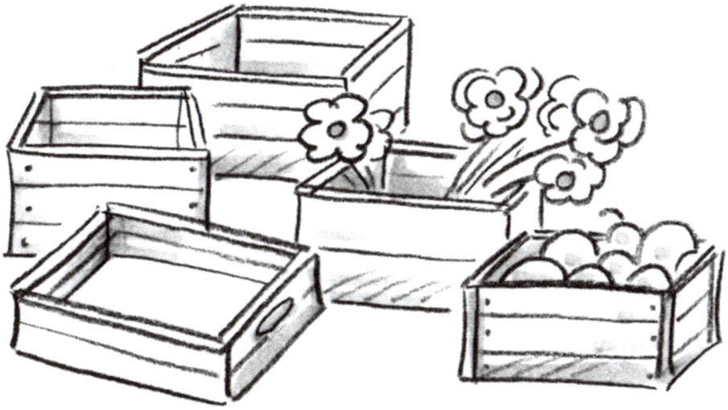

1

3

5

7

2

4

6

0

Zählen

Verbinde jedes Bild mit der passenden Zahl.

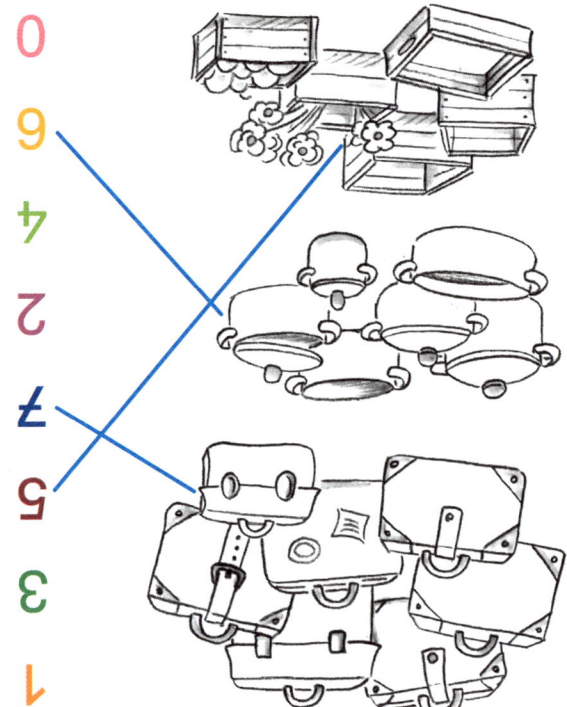

0 6 4 2 7 5 3 1

Schreibe in die große **8** viele Male eine **8**.

Übe hier die **8**.

Schreibe in die große **8** viele Male eine **8**.

Übe hier die **8**.

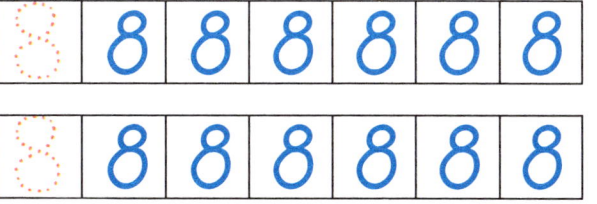

Lösungsseite

Jedes Kind und Linus haben einen Lieblingsstuhl.
Ziehe Linien, damit man sieht, wo wer sitzen möchte.

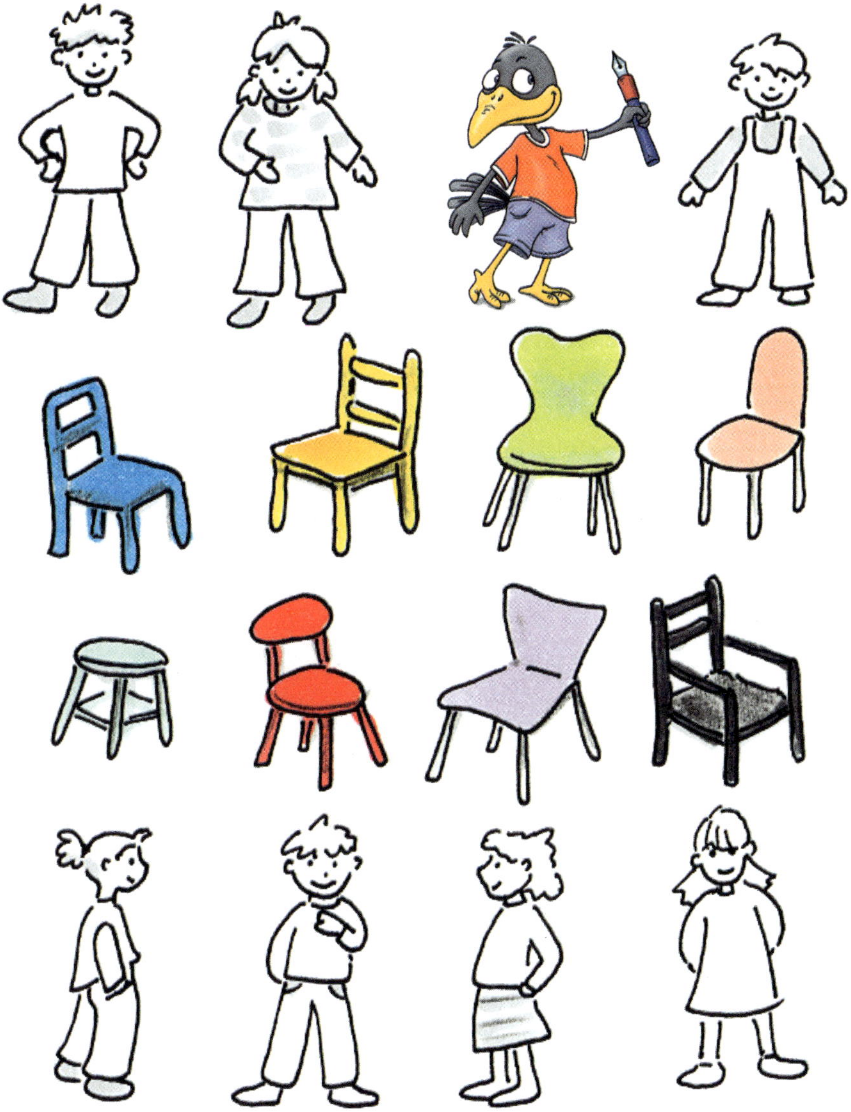

Individuelle Lösung

Linien ziehen

Jedes Kind und Linus haben einen Lieblingsstuhl.
Ziehe Linien, damit man sieht, wo wer sitzen möchte.

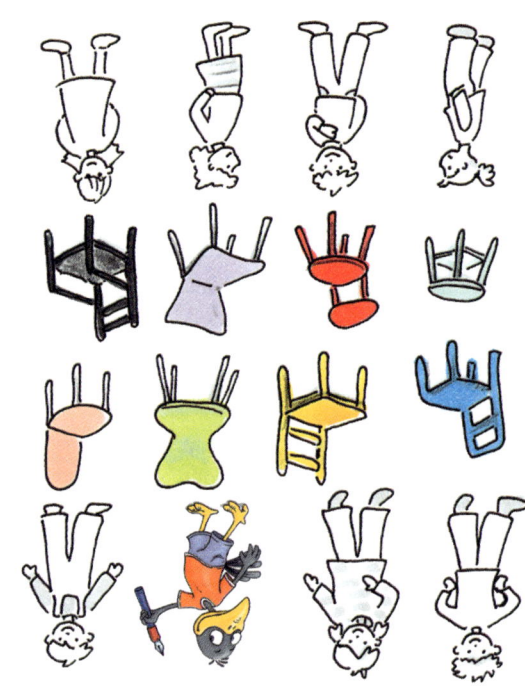

Zähle die Tiere und kreise die richtige Zahl ein.

8	4	5
6	7	3

8	6	3
4	5	2

1	2	4
6	8	5

8	1	3
6	7	5

3	2	8
6	4	5

7	5	8
6	3	4

Zählen und Zahlen

Zähle die Tiere und kreise die richtige Zahl ein.

Schreibe in die große **9** viele Male eine **9**.
Achte auf die Schreibrichtung. Male die Fische an.

Übe hier die **9**.

Schreibe in die große **9** viele Male eine **9**.
Achte auf die Schreibrichtung. Male die Fische an.

Übe hier die **9**.

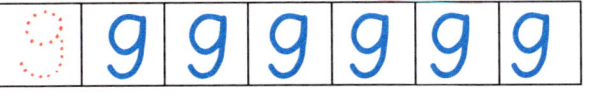

Schreibe in die große **10** viele Male eine **10**.

Übe hier die **10**.

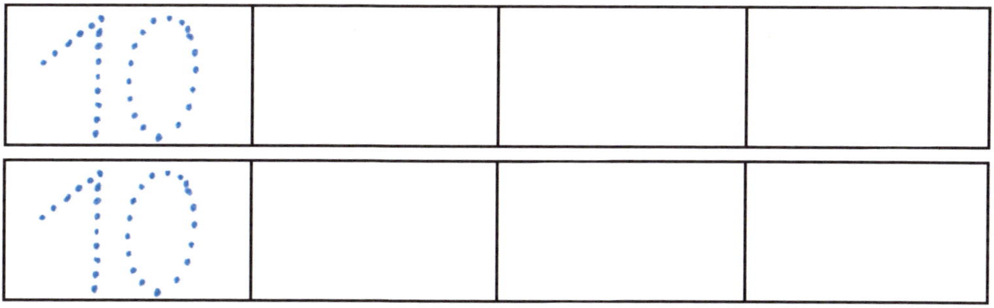

10			
10			

Zahlen

Schreibe in die große **10** viele Male eine **10**.

Übe hier die **10**.

10	*10*	*10*	*10*
10	*10*	*10*	*10*

Male alle Bilder an.

Individuelle Lösung

Zahlen

Male alle Bilder an.

Male die Felder bunt an:
1 ▨ 2 ▨ 3 ▨ 4 ▨ 5 ▨ 6 ▨ 7 ▨

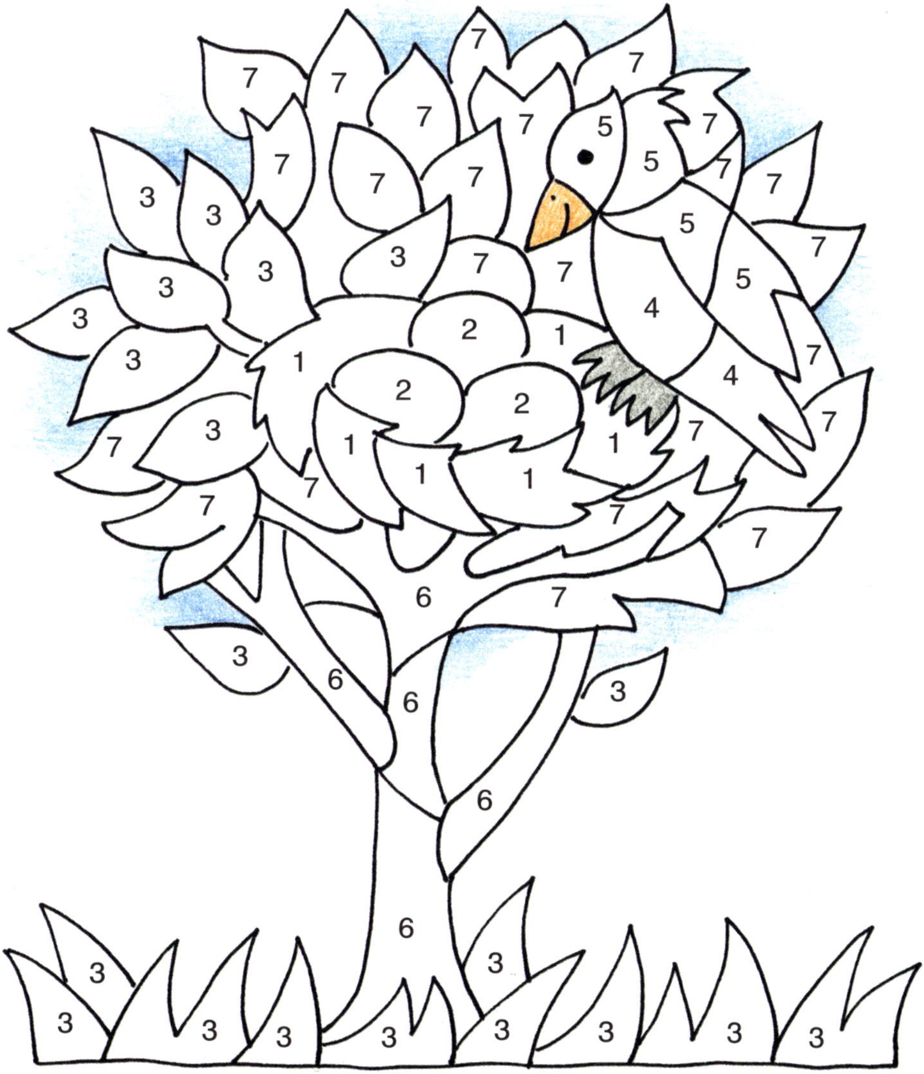

Malen nach Zahlen

Male die Felder bunt an:

1 ☐ 2 ☐ 3 = ☐ 4 ☐ 5 ☐ 6 ☐ 7

Hier kannst du die Zahlen von 1 bis 10 üben.

1 1 1

2

3

4

5

6

7

8

9

1 0

Zahlen

Hier kannst du die Zahlen von 1 bis 10 üben.

1 1 1 1 1 1 1 1 1 1 1 •

2 2 2 2 2 2 2 2 2 •

3 3 3 3 3 3 3 3 3 •

4 4 4 4 4 4 4 4 4 •

5 5 5 5 5 5 5 5 5 •

6 6 6 6 6 6 6 6 6 •

7 7 7 7 7 7 7 7 7 •

8 8 8 8 8 8 8 8 •

9 9 9 9 9 9 9 9 •

10 10 10 10 10 10 10 •

Findest du die passenden Aufgaben?
Schreibe sie auf und rechne aus.

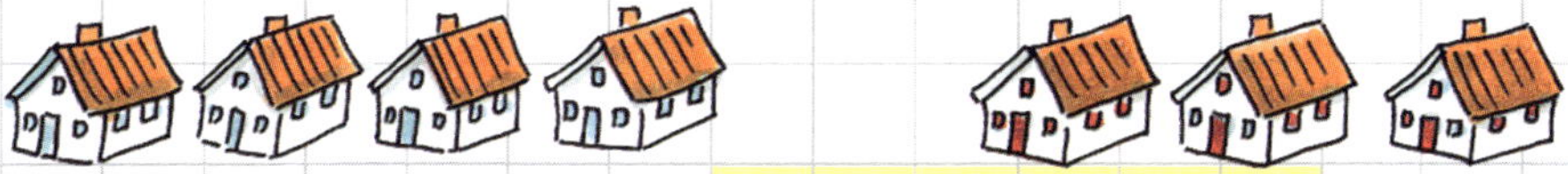

4 + 3 = 7

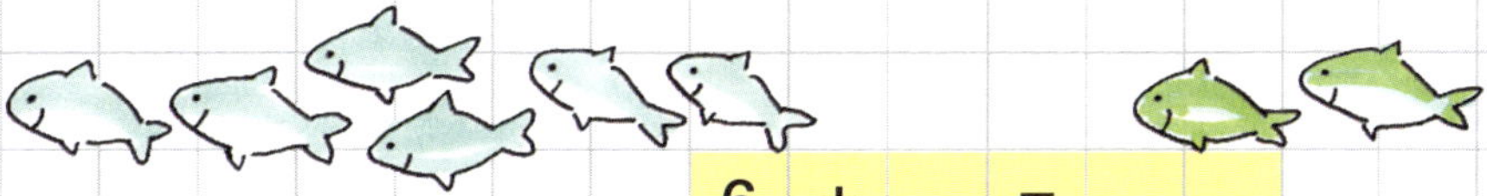

6 + =

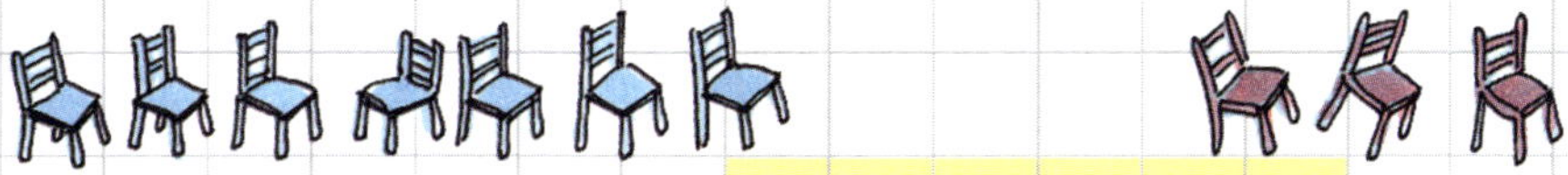

7 + =

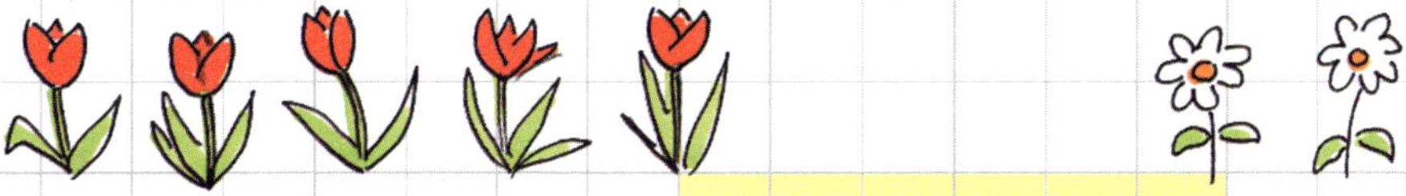

5 + =

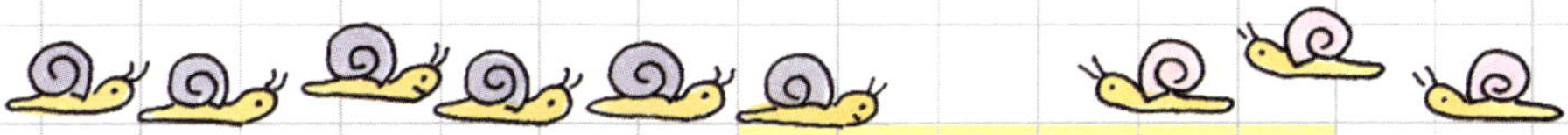

6 + =

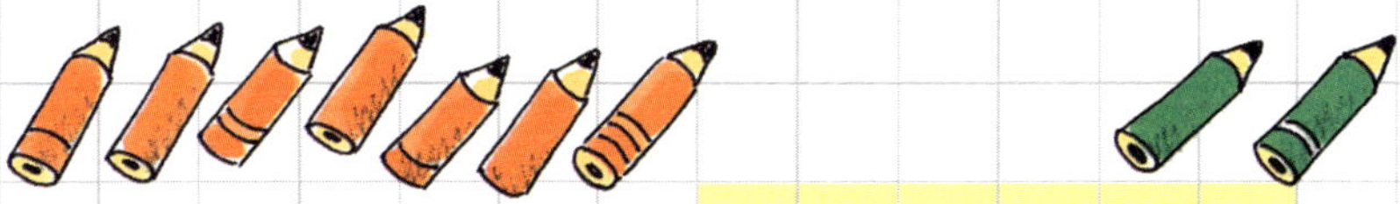

7 + =

Plusrechnen

Findest du die passenden Aufgaben?
Schreibe sie auf und rechne aus.

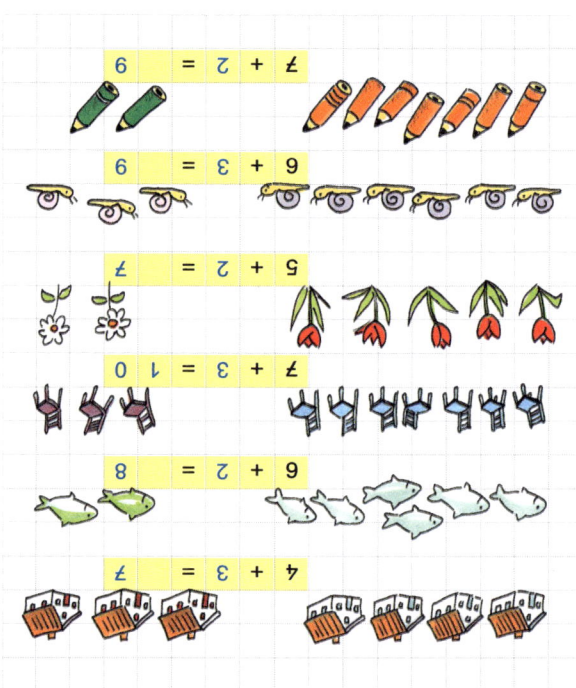

4 + 3 = 7

6 + 2 = 8

7 + 3 = 10

5 + 2 = 7

6 + 3 = 9

7 + 2 = 9

Kannst du alle Aufgaben ausrechnen?

Z E
4 + 1 = ____
4 + 2 = ____
4 + 3 = ____

Z E
2 + 1 = ____
2 + 2 = ____
2 + 3 = ____

Z E
0 + 1 = ____
0 + 2 = ____
0 + 3 = ____

Z E
6 + 2 = ____
6 + 3 = ____
6 + 4 = ____

Schreibe Einer unter Einer und Zehner unter Zehner.

Z E
5 + 3 = ____
5 + 4 = ____
5 + 5 = ____

Plusrechnen

Kannst du alle Aufgaben ausrechnen?

	Z	E
4 + 1 =		5
4 + 2 =		6
4 + 3 =		7

	Z	E
2 + 1 =		3
2 + 2 =		4
2 + 3 =		5

	Z	E
0 + 1 =		1
0 + 2 =		2
0 + 3 =		3

	Z	E
6 + 2 =		8
6 + 3 =		9
6 + 4 =	1	0

	Z	E
5 + 3 =		8
5 + 4 =		9
5 + 5 =	1	0

Schreibe Einer unter Einer und Zehner unter Zehner.

Welche Aufgaben haben als Ergebnis 9?
Male die passenden Würfel gelb an.

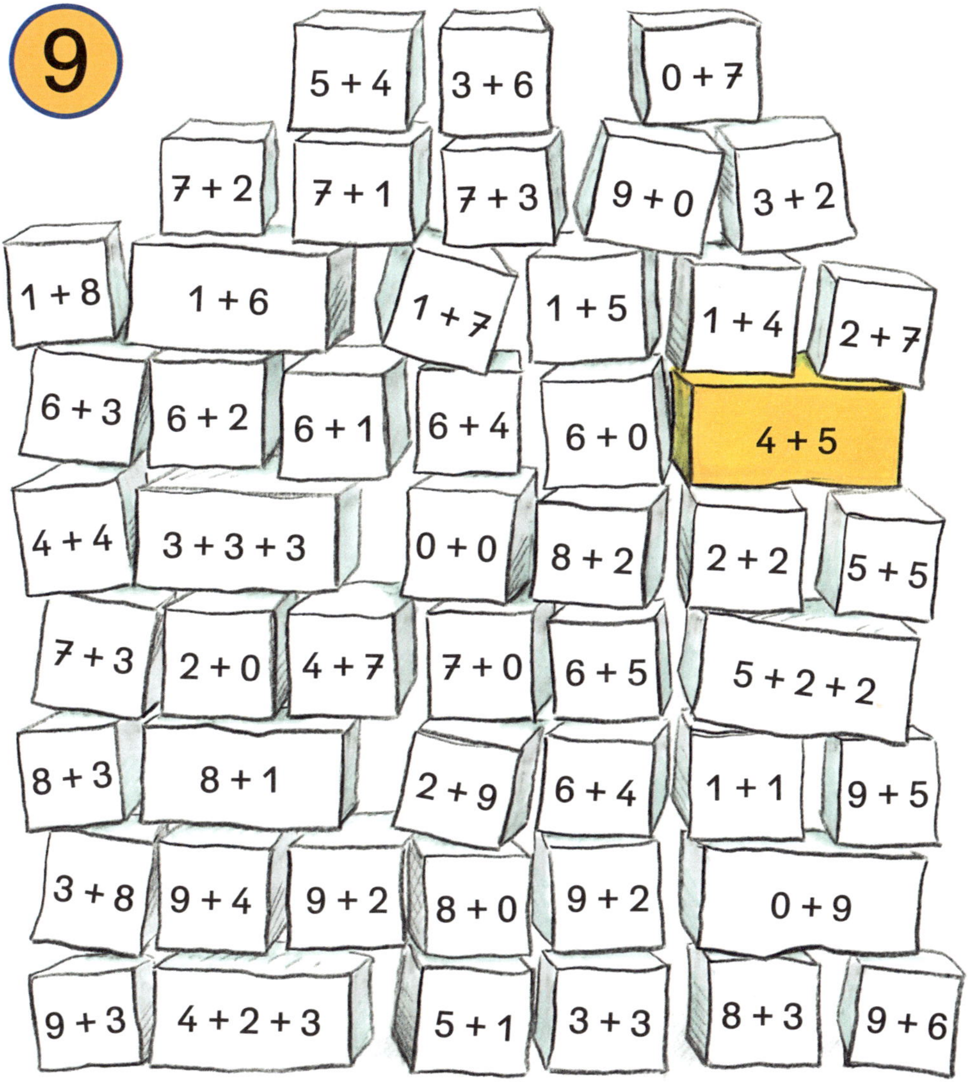

9

5 + 4	3 + 6	0 + 7

7 + 2	7 + 1	7 + 3	9 + 0	3 + 2

1 + 8	1 + 6	1 + 7	1 + 5	1 + 4	2 + 7

6 + 3	6 + 2	6 + 1	6 + 4	6 + 0	4 + 5

4 + 4	3 + 3 + 3	0 + 0	8 + 2	2 + 2	5 + 5

7 + 3	2 + 0	4 + 7	7 + 0	6 + 5	5 + 2 + 2

8 + 3	8 + 1	2 + 9	6 + 4	1 + 1	9 + 5

3 + 8	9 + 4	9 + 2	8 + 0	9 + 2	0 + 9

9 + 3	4 + 2 + 3	5 + 1	3 + 3	8 + 3	9 + 6

Plusrechnen

Welche Aufgaben haben als Ergebnis 9?
Male die passenden Würfel gelb an.

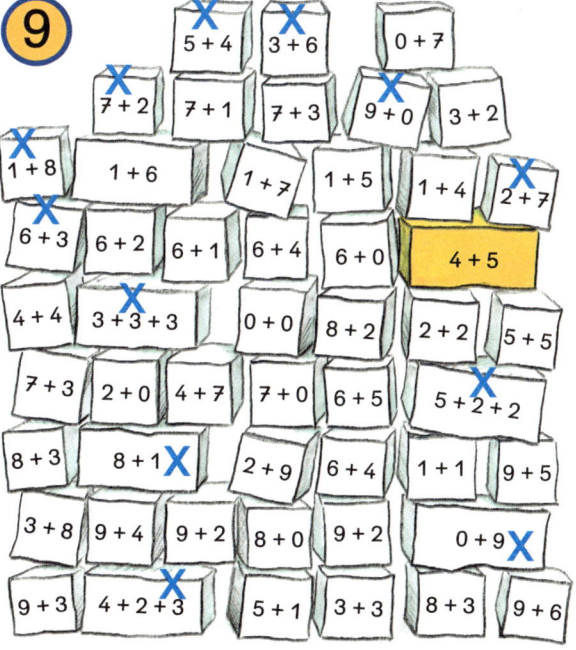

Rechne die Aufgaben.

1 + 1 =	2	
1 + 2 =		
1 + 3 =		
1 + 4 =		
1 + 5 =		

3 + 0 =	3	
3 + 1 =		
3 + 2 =		
3 + 3 =		
3 + 4 =		

2 + 2 =
2 + 3 =
2 + 4 =
2 + 5 =
2 + 6 =

4 + 1 =
4 + 2 =
4 + 3 =
4 + 4 =
4 + 5 =

6 + 1 =
6 + 2 =
6 + 3 =
6 + 4 =
6 + 5 =

5 + 1 =
5 + 2 =
5 + 3 =
5 + 4 =
5 + 5 =

Plusrechnen

Rechne die Aufgaben.

1	+	1	=	2
1	+	2	=	3
1	+	3	=	4
1	+	4	=	5
1	+	5	=	6

3	+	0	=	3
3	+	1	=	4
3	+	2	=	5
3	+	3	=	6
3	+	4	=	7

2	+	2	=	4
2	+	3	=	5
2	+	4	=	6
2	+	5	=	7
2	+	6	=	8

4	+	1	=	5
4	+	2	=	6
4	+	3	=	7
4	+	4	=	8
4	+	5	=	9

6	+	1	=	7
6	+	2	=	8
6	+	3	=	9
6	+	4	=	10
6	+	5	=	11

5	+	1	=	6
5	+	2	=	7
5	+	3	=	8
5	+	4	=	9
5	+	5	=	10

Rechne die Aufgaben. Male die Ergebnisfelder grün an.

2	+	4	=	6
2	+	5	=	
3	+	4	=	
3	+	5	=	
4	+	4	=	

5	+	5	=	
5	+	4	=	
6	+	3	=	
7	+	2	=	
8	+	1	=	

Plusrechnen

Rechne die Aufgaben. Male die Ergebnisfelder grün an.

2	+ 4	=	6	
2	+ 5	=	7	
3	+ 4	=	7	
3	+ 5	=	8	
4	+ 4	=	8	

5	+ 5	=	1 0	
5	+ 4	=	9	
6	+ 3	=	9	
7	+ 2	=	9	
8	+ 1	=	9	

Kannst du die rote Figur verdoppeln.

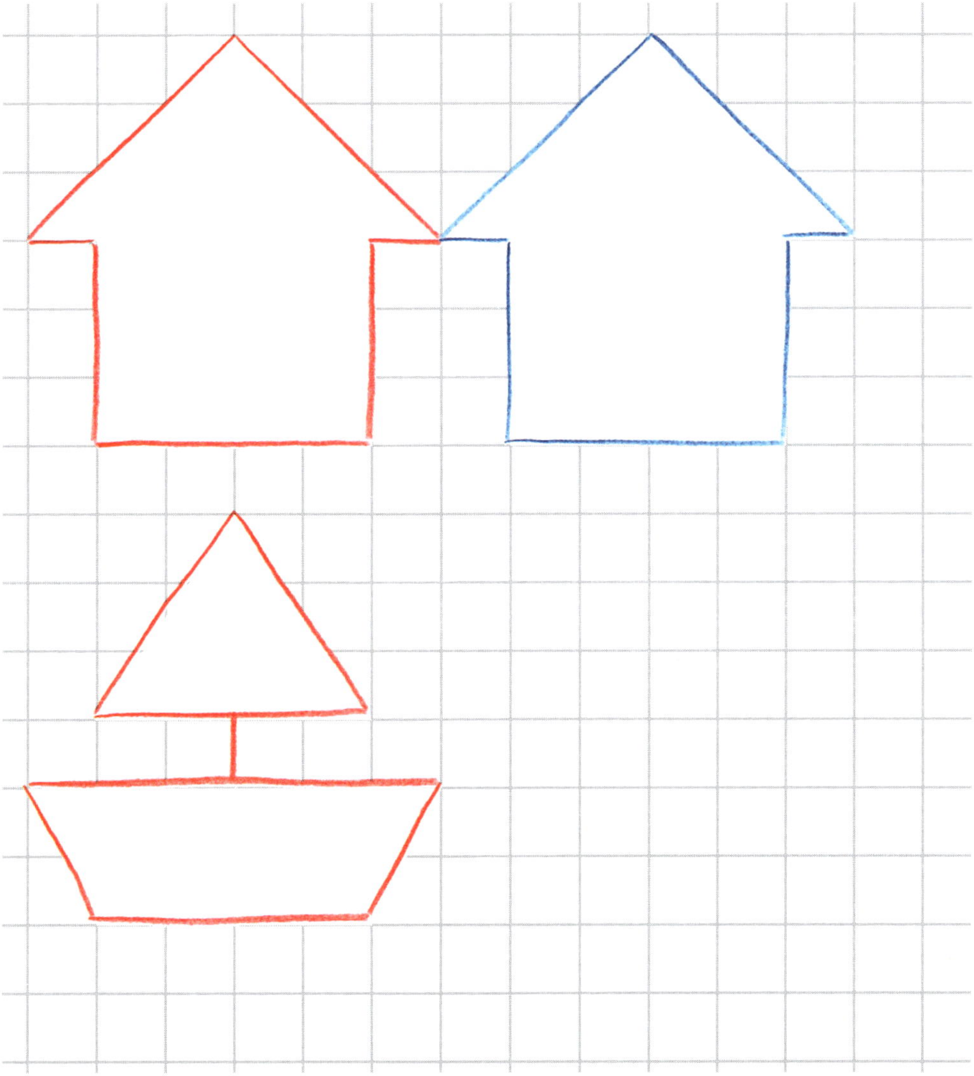

Kannst du die rote Figur verdoppeln.

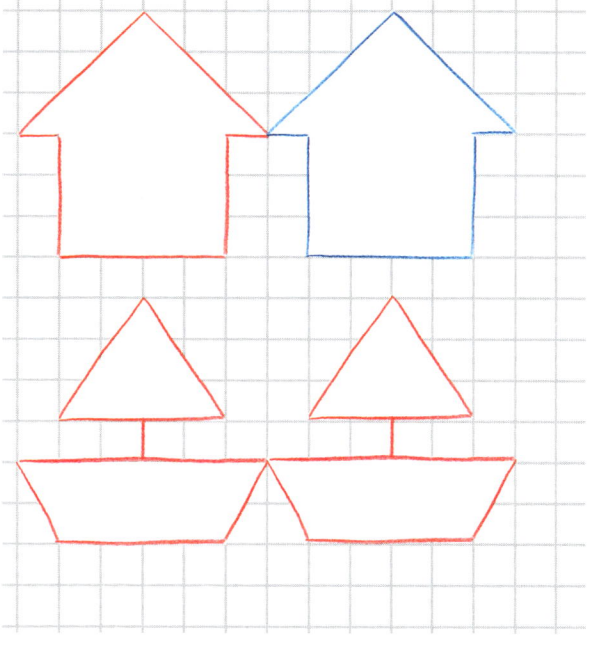

Plusrechnen

Teile die Blumen an der richtigen Stelle in zwei Teile.
Wie heißen die passenden Aufgaben?

$3 + 0 = 3$

$2 + = 3$

$1 + = 3$

$0 + = 3$

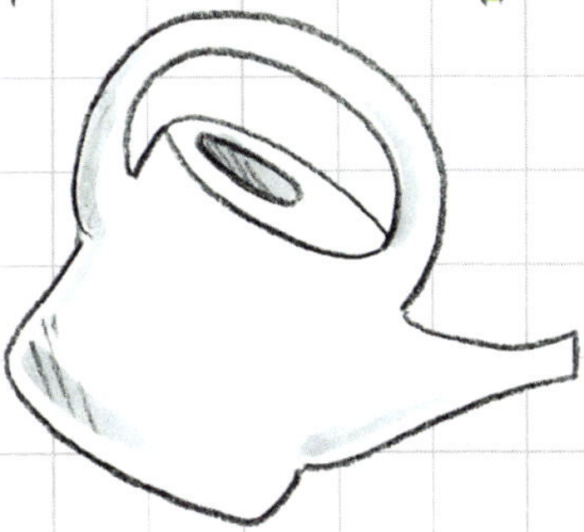

Plusrechnen

Teile die Blumen an der richtigen Stelle in zwei Teile.
Wie heißen die passenden Aufgaben?

3 + 0 = 3

2 + 1 = 3

1 + 2 = 3

0 + 3 = 3

Löse die Aufgaben.

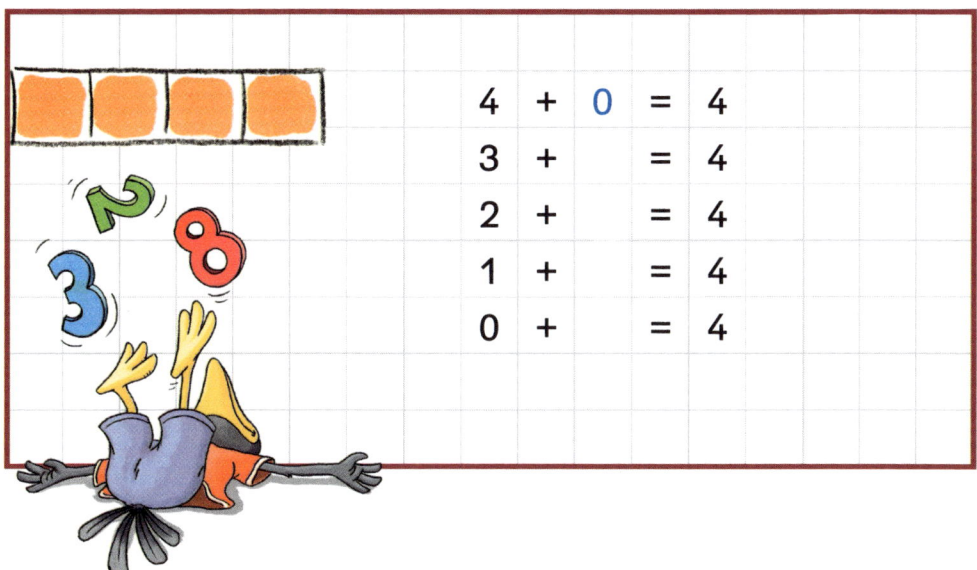

4	+	0	=	4
3	+		=	4
2	+		=	4
1	+		=	4
0	+		=	4

5	+	0	=	5
4	+		=	5
3	+		=	5
2	+		=	5
1	+		=	5
0	+		=	5

Plusrechnen

Löse die Aufgaben.

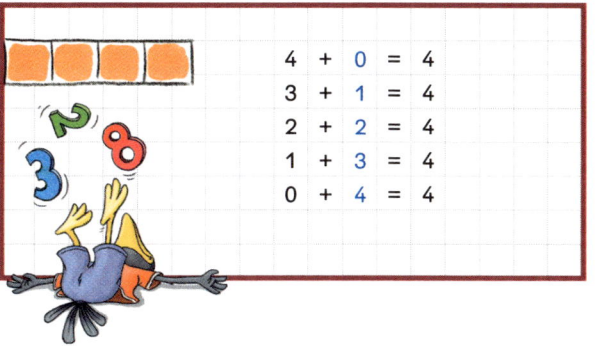

$4 + 0 = 4$
$3 + 1 = 4$
$2 + 2 = 4$
$1 + 3 = 4$
$0 + 4 = 4$

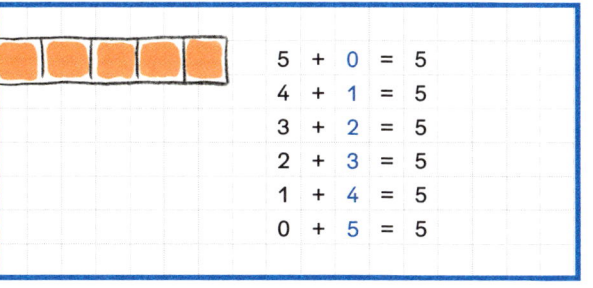

$5 + 0 = 5$
$4 + 1 = 5$
$3 + 2 = 5$
$2 + 3 = 5$
$1 + 4 = 5$
$0 + 5 = 5$

70

Zu jeder Zahl passen mehrere Aufgaben .
Verbinde, was zusammengehört.

2 + 1

3 + 0

1 + 3

3 + 2

3 + 1

4

3

5

4 + 1

1 + 2

1 + 4

2 + 2

5 + 0

2 + 3

4 + 0

Plusrechnen

Zu jeder Zahl passen mehrere Aufgaben .
Verbinde, was zusammengehört.

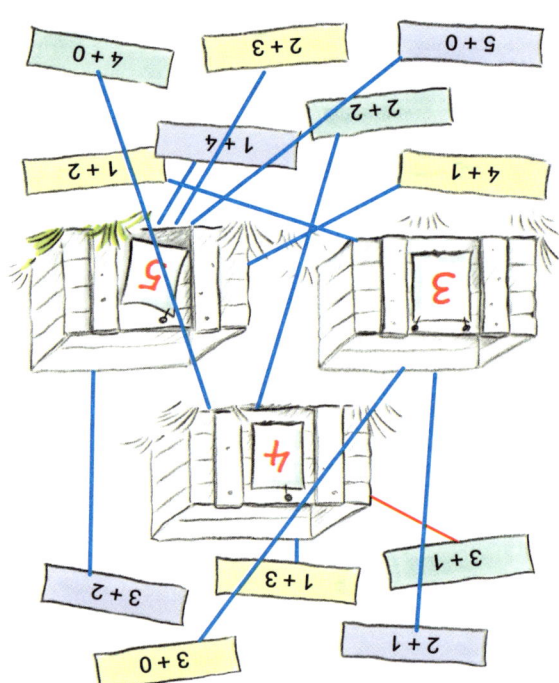

4 + 0

2 + 3

5 + 0

2 + 2

1 + 4

1 + 2

4 + 1

5

3

4

3 + 2

1 + 3

3 + 1

3 + 0

2 + 1

Plusrechnen

Welche Aufgaben passen zu den Bildern?
Schreibe sie auf.

   6   =   1   +   5

   6   =

   6   =

   6   =

   6   =

   6   =

Das merke ich mir!

6 = 0 +
6 =   +
6 =   +
6 =   +

6 =   +
6 =   +
6 =   +

Plusrechnen

Welche Aufgaben passen zu den Bildern?
Schreibe sie auf.

$9 = 1 + 5$

$9 = 2 + 4$

$9 = 3 + 3$

$9 = 4 + 2$

$9 = 5 + 1$

$9 = 6 + 0$

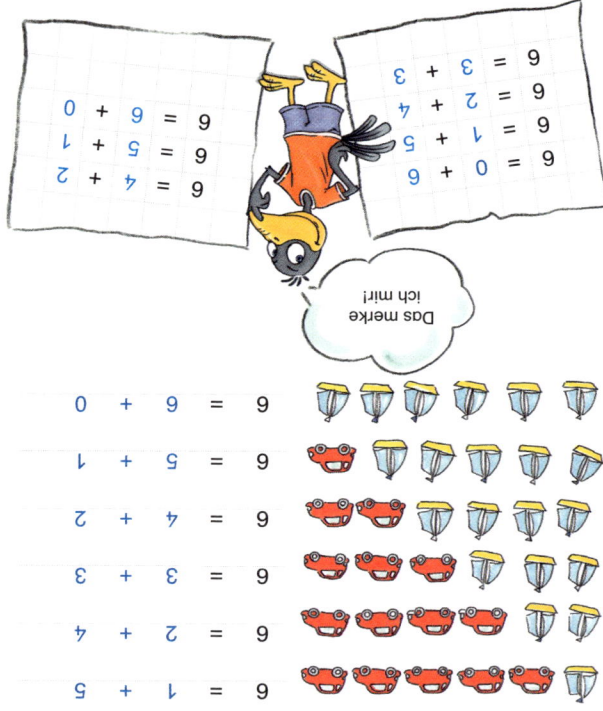

74

Plusrechnen

Ergänze in jedem Anhänger drei Plusaufgaben,
die zu dem Laster passen.

4 + 3

7

8 + 0

8

9

4 + 5

10

1 0 + 0

Plusrechnen

Ergänze in jedem Anhänger drei Plusaufgaben,
die zu dem Laster passen.

Es gibt verschiedene Möglichkeiten. Diese Aufgaben passen zum Beispiel:

4 + 3	
5 + 2	7
3 + 4	
1 + 6	

8 + 0	
7 + 1	8
2 + 6	
1 + 7	

	4 + 5
9	7 + 2
	5 + 4
	3 + 6

	1 0 + 0
10	9 + 1
	7 + 3
	6 + 4

76

Welche Zahlen fehlen in den Zahlenmauern?
Trage sie ein.

Fange von unten an.
Zähle immer zwei
Zahlen zusammen und
schreibe das Ergebnis
darüber.

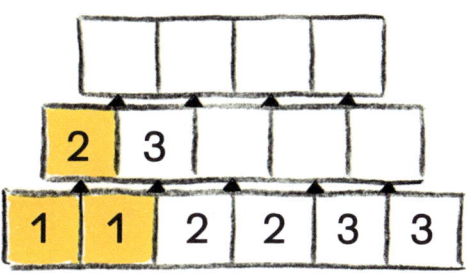

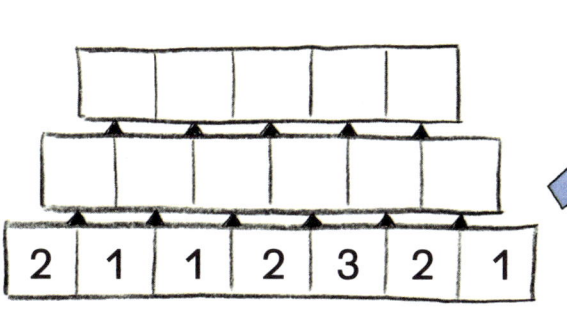

Zahlenmauern

Welche Zahlen fehlen in den Zahlenmauern?
Trage sie ein.

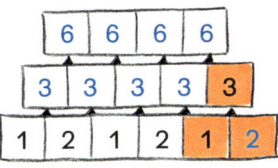

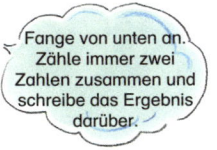

Fange von unten an.
Zähle immer zwei
Zahlen zusammen und
schreibe das Ergebnis
darüber.

Minusrechnen

Streiche die richtige Anzahl der Punkte weg
und rechne die Aufgaben aus.

OOOOO ÖÖÖÖÖ $10 - 6 = 4$

OOOOO OOOOO $10 - 7 =$

OOOOO OOOOO $10 - 4 =$

OOOOO OOOOO $10 - 8 =$

OOOOO OOOOO $10 - 2 =$

OOOOO OOOOO $10 - 5 =$

OOOOO OOOOO $10 - 3 =$

Wenn du nicht im Kopf
rechnen kannst, nimm
Gummibärchen oder
Stifte zur Hilfe.

Minusrechnen

Streiche die richtige Anzahl der Punkte weg
und rechne die Aufgaben aus.

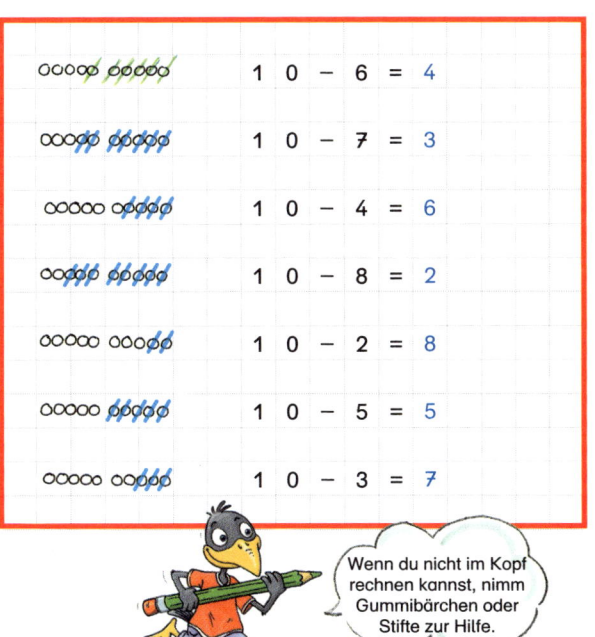

○○○○○ ○○○○○	1 0 − 6 =	4
○○○○○ ○○○○○	1 0 − 7̶ =	3
○○○○○ ○○○○○	1 0 − 4 =	6
○○○○○ ○○○○○	1 0 − 8 =	2
○○○○○ ○○○○○	1 0 − 2 =	8
○○○○○ ○○○○○	1 0 − 5 =	5
○○○○○ ○○○○○	1 0 − 3 =	7̶

Wenn du nicht im Kopf
rechnen kannst, nimm
Gummibärchen oder
Stifte zur Hilfe.

80

Rechne die Aufgaben aus.
Rechne minus.

Minus heißt
wegnehmen!

1 0	–	2	=	
9	–	4	=	
8	–	5	=	
6	–	2	=	
4	–	2	=	
1 0	–	6	=	
8	–	3	=	
9	–	6	=	
7	–	4	=	
6	–	5	=	

1 0	–	3	=	
9	–	5	=	
8	–	6	=	
6	–	3	=	
5	–	3	=	
1 0	–	7	=	
8	–	4	=	
9	–	7	=	
7	–	5	=	
6	–	2	=	

Minusrechnen

Rechne die Aufgaben aus.
Rechne minus.

Minus heißt
wegnehmen!

1 0	–	2	=	8
9	–	4	=	5
8	–	5	=	3
6	–	2	=	4
4	–	2	=	2
1 0	–	6	=	4
8	–	3	=	5
9	–	6	=	3
7	–	4	=	3
6	–	5	=	1

1 0	–	3	=	7
9	–	5	=	4
8	–	6	=	2
6	–	3	=	3
5	–	3	=	2
1 0	–	7	=	3
8	–	4	=	4
9	–	7	=	2
7	–	5	=	2
6	–	2	=	4

Rechne die Aufgaben und male die passenden
Ergebnisfelder an.

1 0	−	0	=	1 0
9	−	3	=	
8	−	4	=	
7̶	−	1	=	
6	−	2	=	
9	−	6	=	
1 0	−	2	=	
8	−	5	=	

5	−	1	=	
1 0	−	4	=	
9	−	5	=	
8	−	2	=	
7̶	−	3	=	
6	−	5	=	
9	−	4	=	
8	−	6	=	

Minusrechnen

Rechne die Aufgaben
und male die passenden Ergebnisfelder an.

1	0	−	0	=	1	0
	9	−	3	=		6
	8	−	4	=		4
	7̶	−	1	=		6
	6	−	2	=		4
	9	−	6	=		3
1	0	−	2	=		8
	8	−	5	=		3

	5	−	1	=	4
1	0	−	4	=	6
	9	−	5	=	4
	8	−	2	=	6
	7̶	−	3	=	4
	6	−	5	=	1
	9	−	4	=	5
	8	−	6	=	2

Rechne die Aufgaben unter dem Fisch aus. Suche deine Ergebnisse im Fisch und male die passenden Schuppen an.

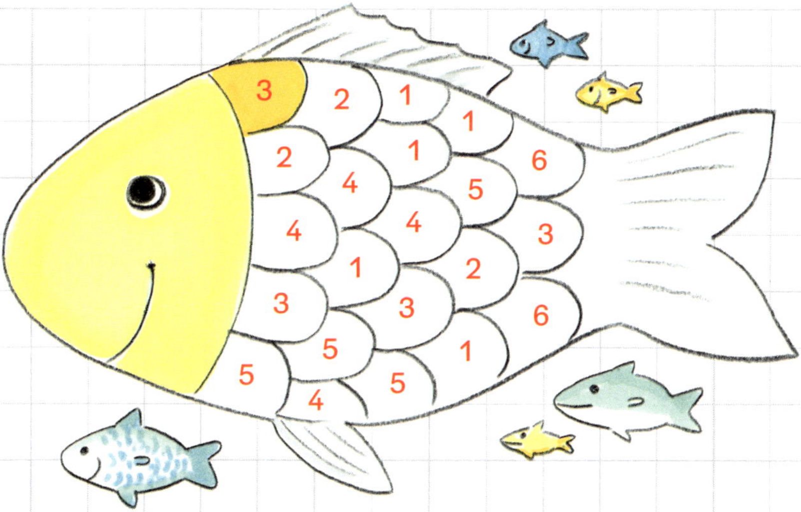

5	−	2	=	3		1	0	−	6	=
6	−	4	=				8	−	5	=
7	−	3	=				9	−	6	=
4	−	1	=				7	−	6	=
8	−	6	=				8	−	3	=
9	−	5	=			1	0	−	5	=
5	−	4	=				9	−	4	=
7	−	2	=				8	−	2	=
8	−	4	=				9	−	3	=
9	−	8	=			1	0	−	8	=
1	0	−	9	=			8	−	7	=

Rechne die Aufgaben unter dem Fisch aus. Suche deine Ergebnisse im Fisch und male die passenden Schuppen an.

	5	–	2	=	3		1	0	–	6	=	4
	6	–	4	=	2			8	–	5	=	3
	7̵	–	3	=	4			9	–	6	=	3
	4	–	1	=	3			7̵	–	6	=	1
	8	–	6	=	2			8	–	3	=	5
	9	–	5	=	4		1	0	–	5	=	5
	5	–	4	=	1			9	–	4	=	5
	7̵	–	2	=	5			8	–	2	=	6
	8	–	4	=	4			9	–	3	=	6
	9	–	8	=	1		1	0	–	8	=	2
1	0	–	9	=	1			8	–	7̵	=	1

Rechne die Aufgaben aus.
Trage die Ergebnisse in die Tabellen ein.

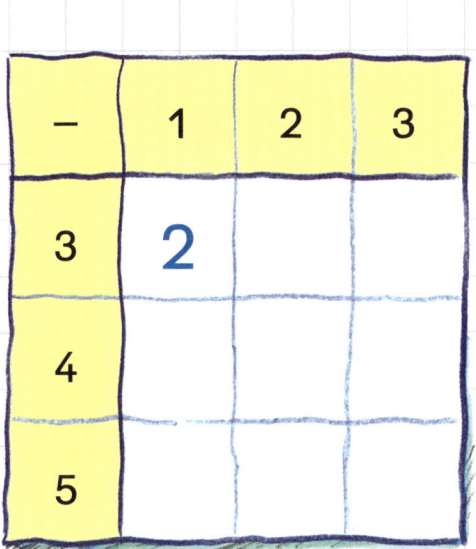

−	1	2	3
3	2		
4			
5			

$3 - 1 = 2$

$3 - 2 =$

$3 - =$

$4 - 1 =$

$4 - 2 =$

$4 - =$

$5 - 1 =$

$5 - =$

$5 - =$

$6 - 1 = 5$

$6 - =$

$6 - =$

$7 - 1 =$

$7 - =$

$7 - =$

$8 - 1 =$

$8 - =$

$8 - =$

−	1	2	3
6	5		
7			
8			

Minusrechnen

Rechne die Aufgaben aus.
Trage die Ergebnisse in die Tabellen ein.

–	1	2	3
3	2	1	0
4	3	2	1
5	4	3	2

3 – 1 = 2
3 – 2 = 1
3 – 3 = 0
4 – 1 = 3
4 – 2 = 2
4 – 3 = 1
5 – 1 = 4
5 – 2 = 3
5 – 3 = 2

6 – 1 = 5
6 – 2 = 4
6 – 3 = 3
7 – 1 = 6
7 – 2 = 5
7 – 3 = 4
8 – 1 = 7
8 – 2 = 6
8 – 3 = 5

–	1	2	3
6	5	4	3
7	6	5	4
8	7	6	5

Zahlen

Schreibe die großen Zahlen bunt nach und übe in den Rechenkästchen.

11

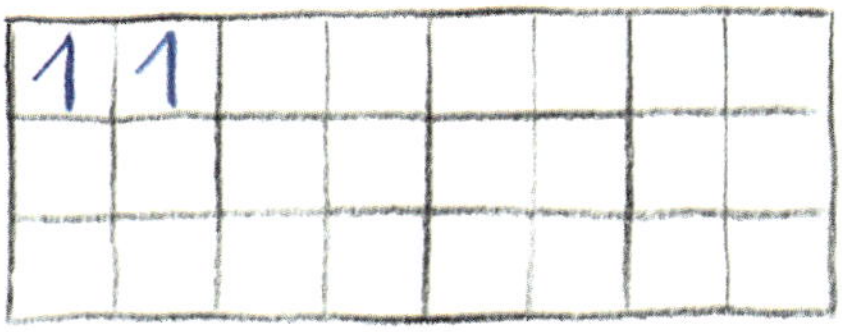

12

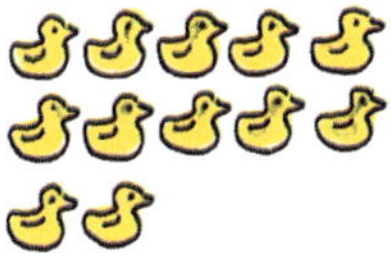

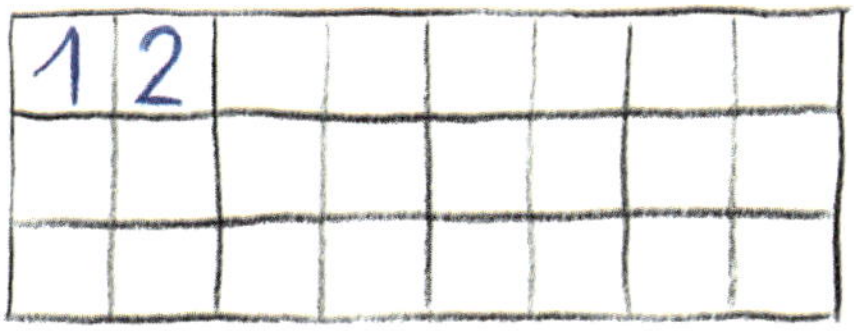

13

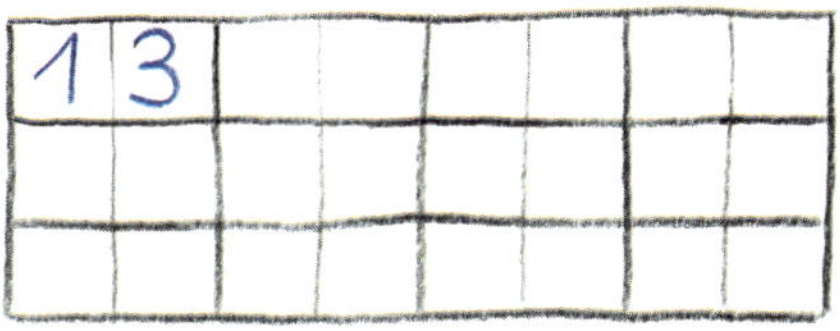

14

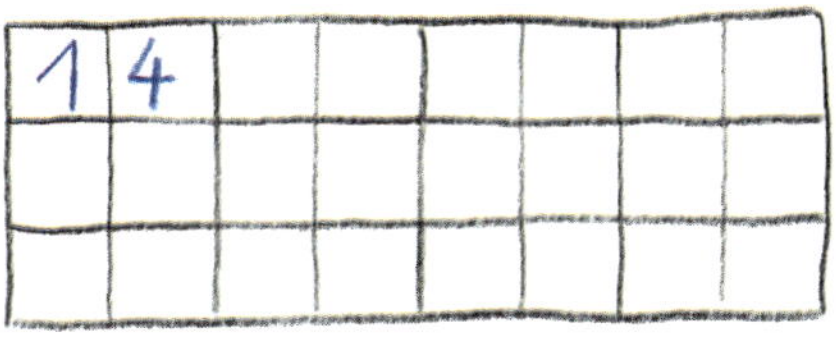

15

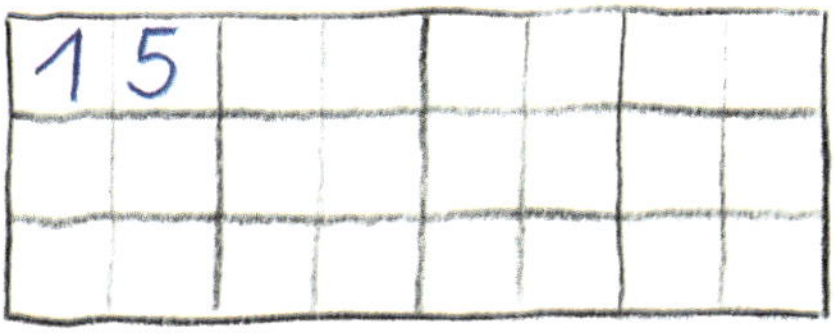

Zahlen

Schreibe die großen Zahlen bunt nach und übe in den Rechenkästchen.

15	15	15
15	15	15
15	15	15

14	14	14	14
14	14	14	14
14	14	14	14

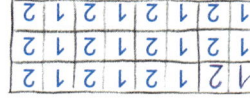

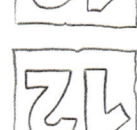 

13	13	13	13
13	13	13	13
13	13	13	13

12	12	12	12
12	12	12	12
12	12	12	12

11	11	11	11	11
11	11	11	11	11
11	11	11	11	11

Schreibe die großen Zahlen bunt nach und übe in den Rechenkästchen.

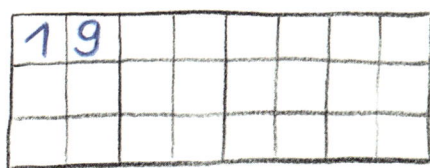 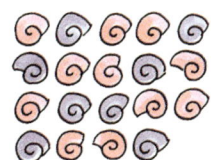 

Zahlen

Schreibe die großen Zahlen bunt nach und übe in den Rechenkästchen.

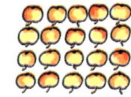

2	0	2	0	2	0	2
2	0	2	0	2	0	2
2	0	2	0	2	0	2

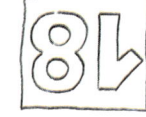

1	9	1	9	1	9	1
1	9	1	9	1	9	1
1	9	1	9	1	9	1

1	8	1	8	1	8	1
1	8	1	8	1	8	1
1	8	1	8	1	8	1

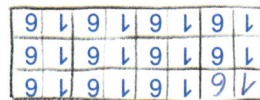

1	7	1	7	1	7	1
1	7	1	7	1	7	1
1	7	1	7	1	7	1

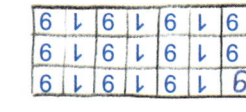

1	6	1	6	1	6	1
1	6	1	6	1	6	1
1	6	1	6	1	6	1

Zählen und Zahlen

Erkennst du auf einen Blick, wie viele Kugeln es jeweils sind? Trage die richtigen Zahlen ein.

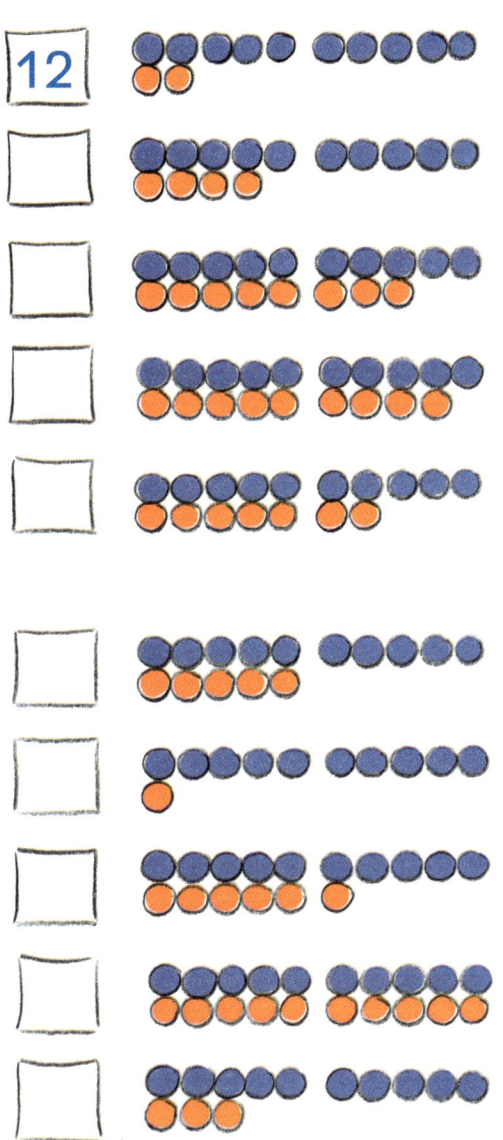

Zählen und Zahlen

Erkennst du auf einen Blick, wie viele Kugeln es jeweils
sind? Trage die richtigen Zahlen ein.

12

14

18

19

17

15

11

16

20

13

Verbinde und male in einer Farbe an,
was zusammengehört.

○○○○○ ○○○○○ ○○○○	10 + 1	15
○○○○○ ○○○○○ ○○○	10 + 4	13
○○○○○ ○○○○○ ○	10 + 5	11
○○○○○ ○○○○○ ○○○○○ ○○○○○	10 + 3	14
○○○○○ ○○○○○ ○○○○○	10 + 10	16
○○○○○ ○○○○○ ○○○○○ ○○○○	10 + 6	12
○○○○○ ○○○○○ ○○○○○ ○	10 + 2	19
○○○○○ ○○○○○ ○○	10 + 9	20
○○○○○ ○○○○○ ○○○○○ ○○○	10 + 7	18
○○○○○ ○○○○○ ○○○○○ ○○	10 + 8	17

Zählen und rechnen

Verbinde und male in einer Farbe an,
was zusammengehört.

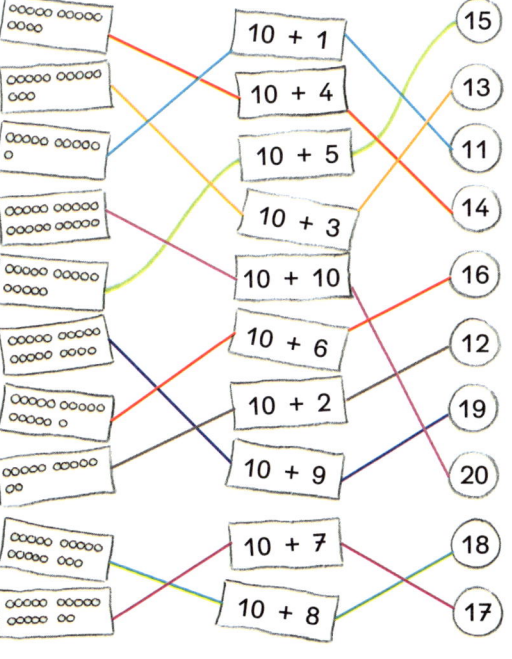

Zahlenbänder

Trage auf den Bändern die fehlenden Zahlen ein.

11 12

17 18

19 20

9 10

15 16

10 11 12

14 15

17 20

11 14

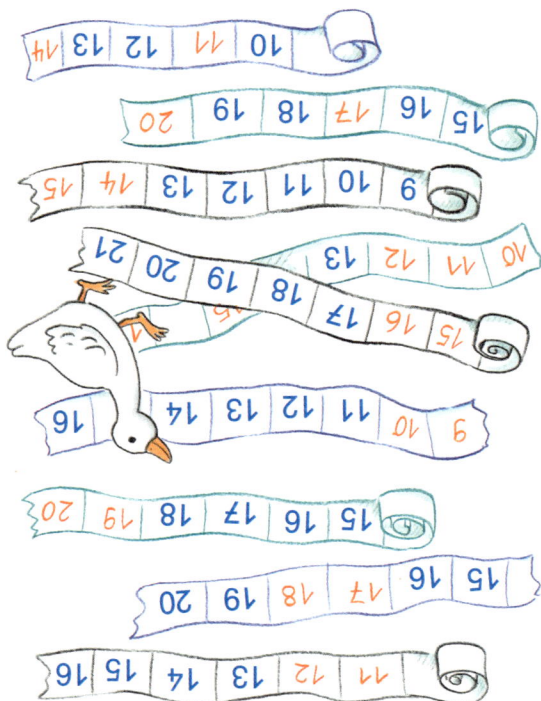

Zahlenbänder

Trage auf den Bändern die fehlenden Zahlen ein.

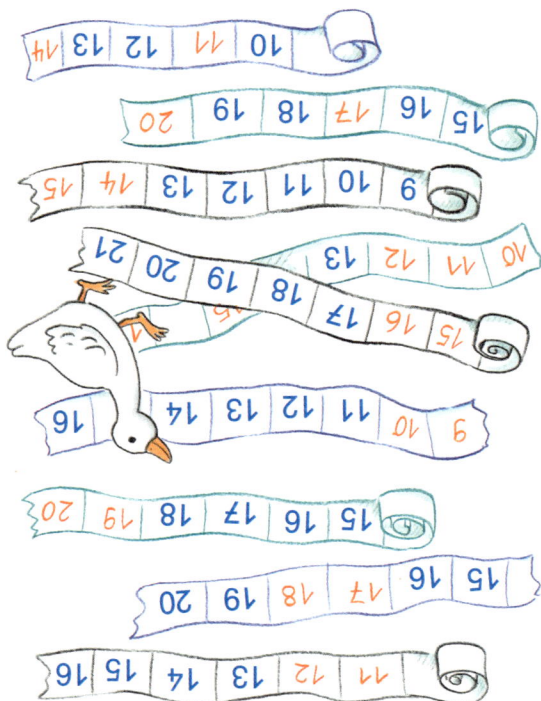

Lösungsseite

Größer > oder kleiner <?
Setze die fehlenden Zeichen ein.

3	<	6

3 ist kleiner als 6.

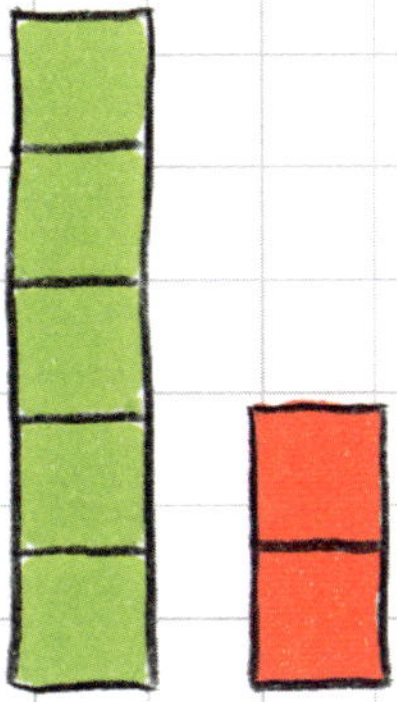

5	>	2

5 ist größer als 2.

4	<		8	
7			9	

1	7	<	1	9
1	5		1	3
1	1		1	8
1	4			4
1	0		2	0
1	9		1	2

1	0	>		3
	8			2

1	7	>		2
1	6		1	1
1	4		1	9
1	3			8
1	5		1	2
1	6		1	8

Größer oder kleiner

Größer **>** oder kleiner **<**?
Setze die fehlenden Zeichen ein.

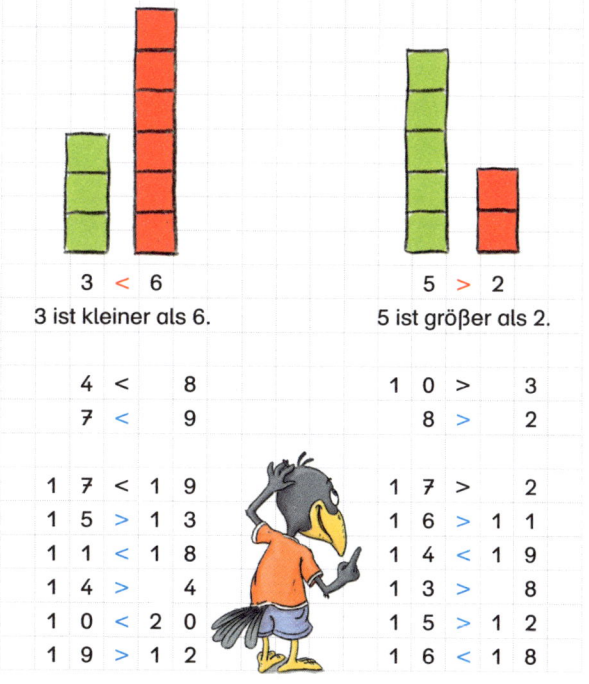

	3	<	6				5	>	2	

3 ist kleiner als 6.   5 ist größer als 2.

	4	<		8			1	0	>		3
	7	<		9				8	>		2

1	7	<	1	9			1	7	>		2
1	5	>	1	3			1	6	>	1	1
1	1	<	1	8			1	4	<	1	9
1	4	>		4			1	3	>		8
1	0	<	2	0			1	5	>	1	2
1	9	>	1	2			1	6	<	1	8

Male die Felder in den richtigen Farben an.

11 = braun
12 = grün
14 = blau
21 = rot
41 = rosa

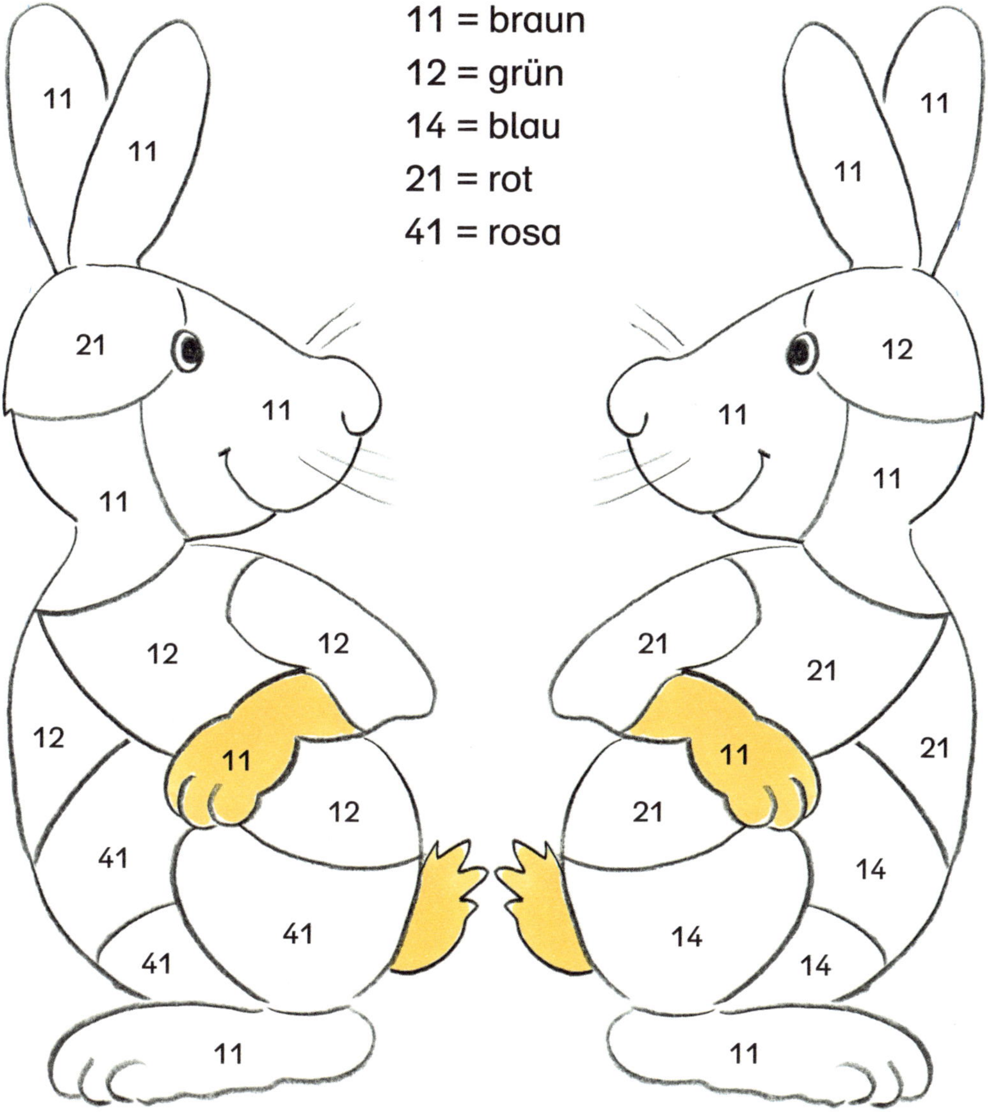

Malen nach Zahlen

Male die Felder in den richtigen Farben an.

11 = braun
12 = grün
14 = blau
21 = rot
41 = rosa

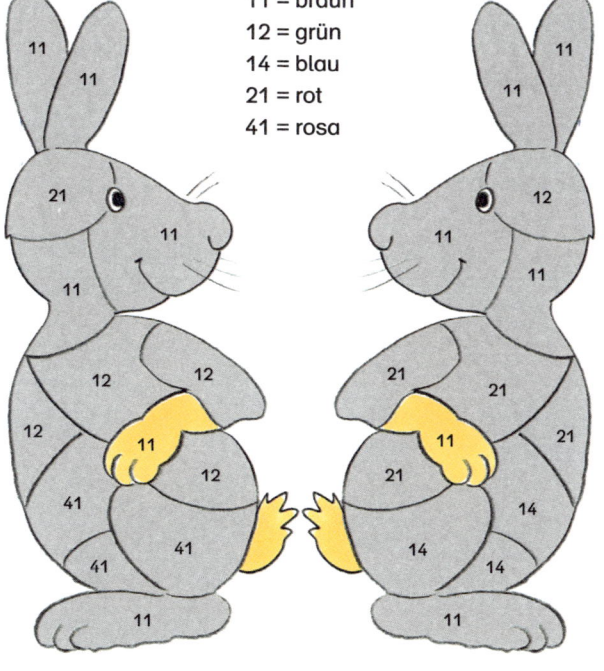

Verbinde jede Aufgabe mit der passenden
Tauschaufgabe und rechne sie aus.

6 + 13 = _____

12 + 6 = _____

3 + 15 = _____

15 + 4 = _____

2 + 16 = _____

14 + 5 = _____

7 + 11 = _____

15 + 3 = _____

6 + 12 = _____

13 + 6 = _____

5 + 14 = _____

11 + 7 = _____

8 + 11 = _____

16 + 2 = _____

4 + 15 = _____

11 + 8 = _____

3 + 12 = _____

12 + 3 = _____

Verbinde jede Aufgabe mit der passenden
Tauschaufgabe und rechne sie aus.

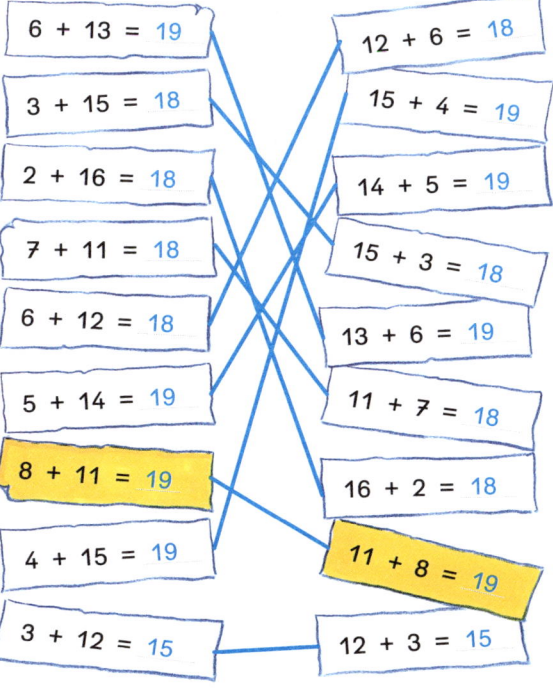

6 + 13 = 19

3 + 15 = 18

2 + 16 = 18

7 + 11 = 18

6 + 12 = 18

5 + 14 = 19

8 + 11 = 19

4 + 15 = 19

3 + 12 = 15

12 + 6 = 18

15 + 4 = 19

14 + 5 = 19

15 + 3 = 18

13 + 6 = 19

11 + 7 = 18

16 + 2 = 18

11 + 8 = 19

12 + 3 = 15

Rechne alle Aufgaben.

2 + 5 = 7
1 2 + 5 = 1 7

4 + 2 =
1 4 + 2 =

5 + 3 =
1 5 + 3 =

8 + 1 =
1 8 + 1 =

3 + 6 =
1 3 + 6 =

7 + 2 =
1 7 + 2 =

> Schreibe immer die Einer unter die Einer und die Zehner unter die Zehner!

105

Plusrechnen

Rechne alle Aufgaben.

```
      2 + 5  =        7
  1   2 + 5  =   1    7

      4 + 2  =        6
  1   4 + 2  =   1    6

      5 + 3  =        8
  1   5 + 3  =   1    8

      8 + 1  =        9
  1   8 + 1  =   1    9

      3 + 6  =        9
  1   3 + 6  =   1    9

      7 + 2  =        9
  1   7 + 2  =   1    9
```

Schreibe immer die Einer unter die Einer und die Zehner unter die Zehner!

Hier geht es über den Zehner.
Rechne schrittweise: Erst bis 10 und dann weiter.

9 + 2
9 + 1 + 1 =

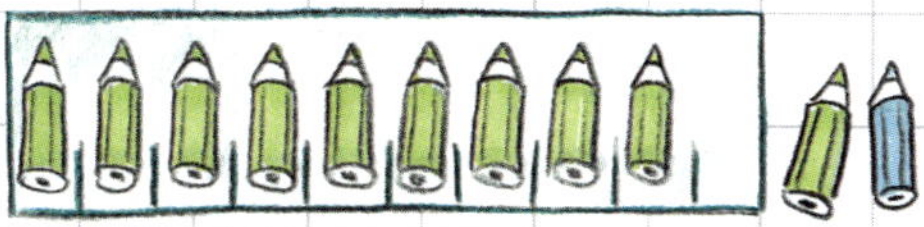

8 + 6
8 + 2 + 4 =

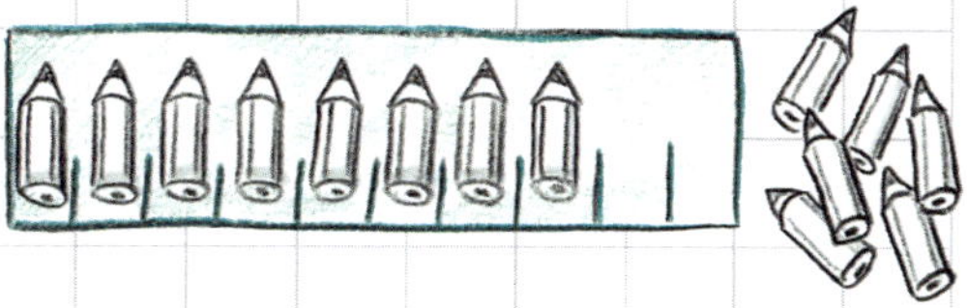

7 + 4
7 + _ + _ =

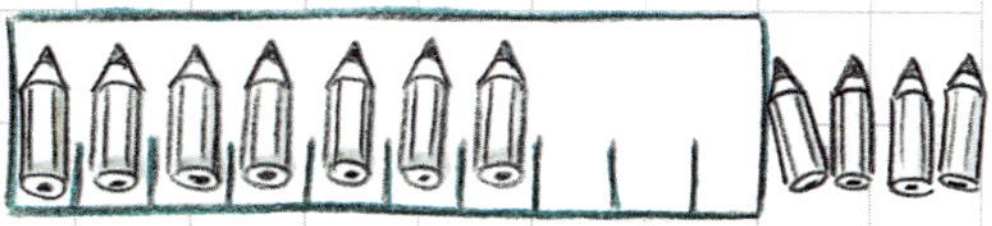

6 + 5
6 + _ + _ =

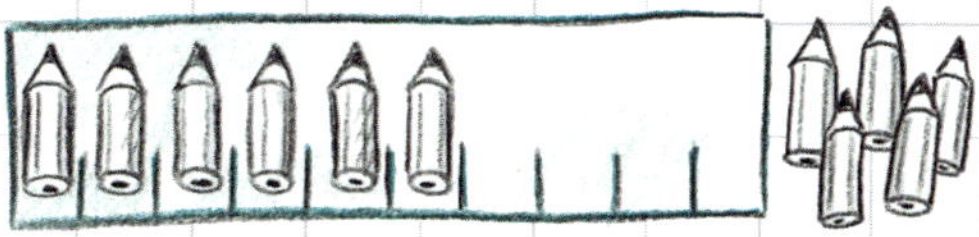

Plusrechnen

Hier geht es über den Zehner.
Rechne schrittweise: Erst bis 10 und dann weiter.

$9 + 2$
$9 + 1 + 1 = 1\ 1$

$8 + 6$
$8 + 2 + 4 = 1\ 4$

$7 + 4$
$7 + 3 + 1 = 1\ 1$

$6 + 5$
$6 + 4 + 1 = 1\ 1$

Rechne wieder schrittweise: Bis 10 und dann weiter.

9 + 3

9 + 1 +   =

8 + 3

8 +   +   =

7 + 6

7 +   +   =

9 + 6

9 +   +   =

Plusrechnen

Rechne wieder schrittweise: Bis 10 und dann weiter.

9 + 3
9 + 1 + 2 = 1 2

8 + 3
8 + 2 + 1 = 1 1

7 + 6
7 + 3 + 3 = 1 3

9 + 6
9 + 1 + 5 = 1 5

Rechne wieder schrittweise. Bis 10 und dann weiter.

8 + 3   =
8 + 2 + 1 = 1 1

7 + 5   =
7 +   +   =

9 + 6   =
9 +   +   =

Rechne im Kopf.

3 + 8 =   9 + 3 = 1 2
6 + 5 =   5 + 8 =
7 + 6 =   6 + 7 =
3 + 9 =   4 + 9 =
7 + 5 =   8 + 8 =
6 + 6 =   2 + 9 =
5 + 6 =   4 + 7 =
7 + 8 =   3 + 8 =

Plusrechnen

Rechne wieder schrittweise. Bis 10 und dann weiter.

8	+ 3			=	1	1
8	+ 2	+ 1		=	1	1
7	+ 5			=	1	2
7	+ 3	+ 2		=	1	2
9	+ 6			=	1	5
9	+ 1	+ 5		=	1	5

Rechne im Kopf.

3	+ 8	=	1	1		9	+ 3	=	1	2
6	+ 5	=	1	1		5	+ 8	=	1	3
7	+ 6	=	1	3		6	+ 7	=	1	3
3	+ 9	=	1	2		4	+ 9	=	1	3
7	+ 5	=	1	2		8	+ 8	=	1	6
6	+ 6	=	1	2		2	+ 9	=	1	1
5	+ 6	=	1	1		4	+ 7	=	1	1
7	+ 8	=	1	5		3	+ 8	=	1	1

Zauberdreiecke

Schreibe neben die Zauberdreiecke die passenden Plusaufgaben.

+ + =	4 + 6 + 1 = 11

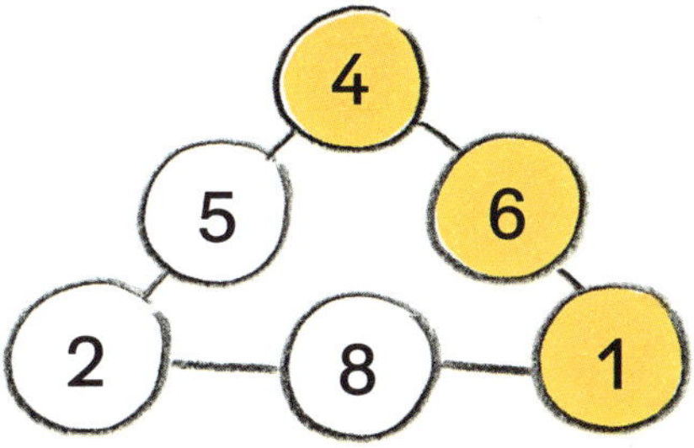

4
5
6
2
8
1

+ + 1 =

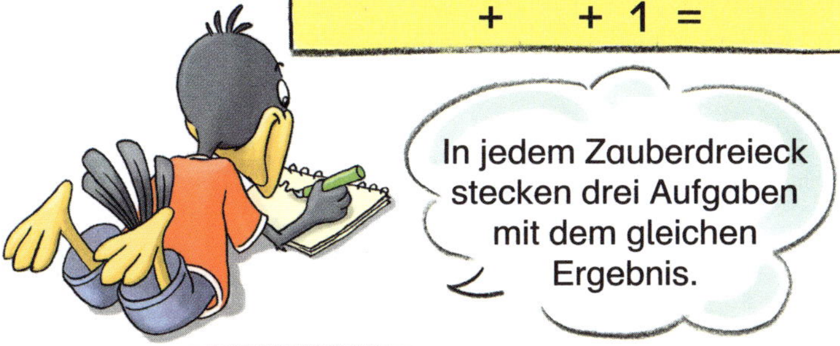

In jedem Zauberdreieck stecken drei Aufgaben mit dem gleichen Ergebnis.

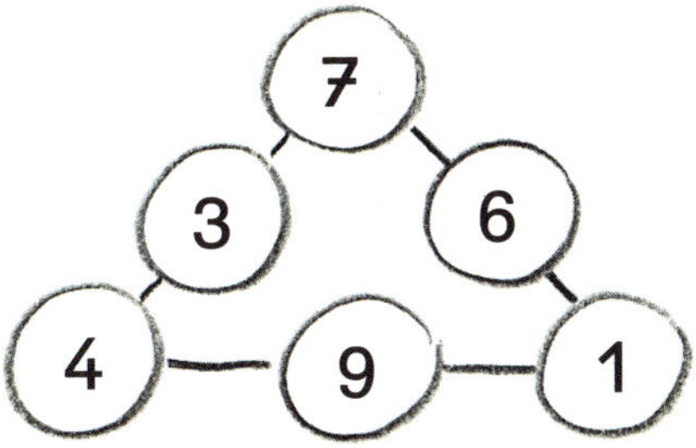

7
3
6
4
9
1

Zauberdreiecke

Schreibe neben die Zauberdreiecke die passenden Plusaufgaben.

| 2 + 5 + 4 = 11 | 4 + 6 + 1 = 11 |

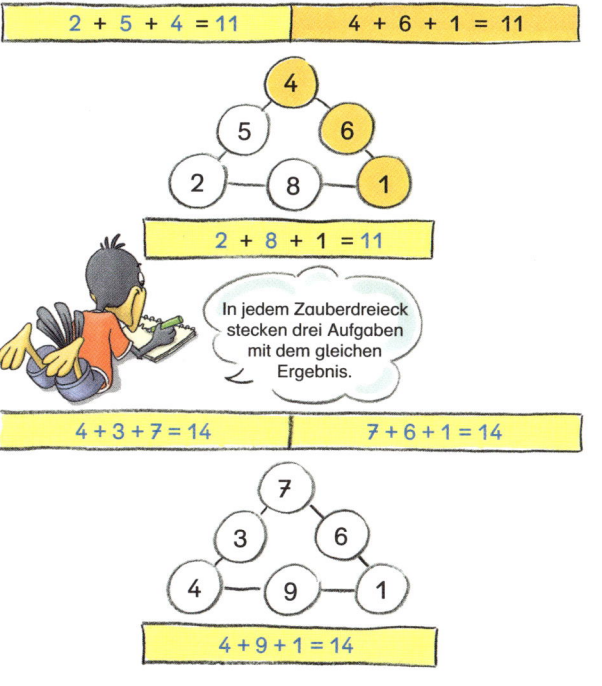

2 + 8 + 1 = 11

In jedem Zauberdreieck stecken drei Aufgaben mit dem gleichen Ergebnis.

| 4 + 3 + 7 = 14 | 7 + 6 + 1 = 14 |

4 + 9 + 1 = 14

114

Verbinde die Zahlen von 1 bis 44.

Zahlen verbinden

Verbinde die Zahlen von 1 bis 44.

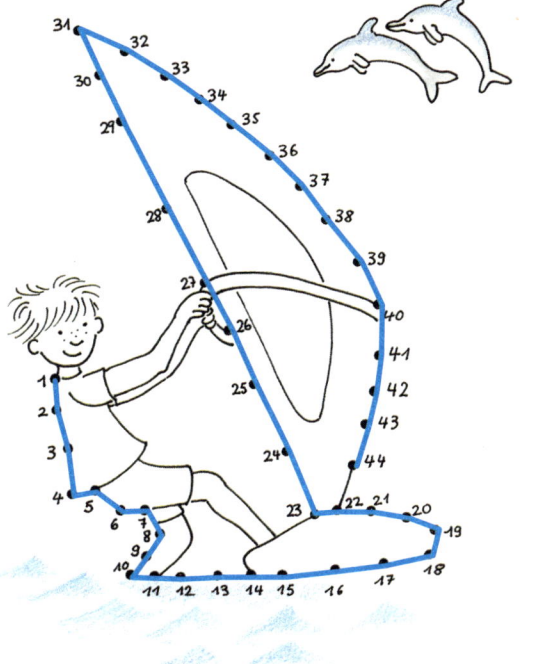

Rechne immer zuerst die „kleine" Aufgabe
und dann die „große".

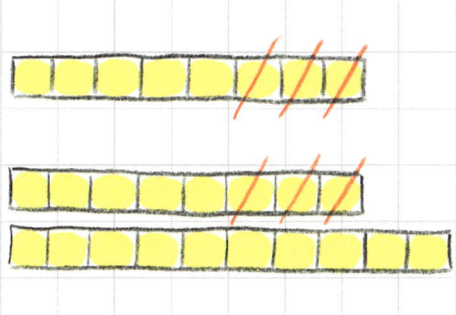

$$8 - 3 = 5$$

$$1\ 8 - 3 = 1\ 5$$

				Z	E
	5	− 2	=		
1	5	− 2	=		
	9	− 5	=		
1	9	− 5	=		
	6	− 3	=		
1	6	− 3	=		
	8	− 4	=		
1	8	− 4	=		

Den Einer schreibst
du unter **E.**
Den Zehner schreibst
du unter **Z.**

Minusrechnen

Rechne immer zuerst die „kleine" Aufgabe
und dann die „große".

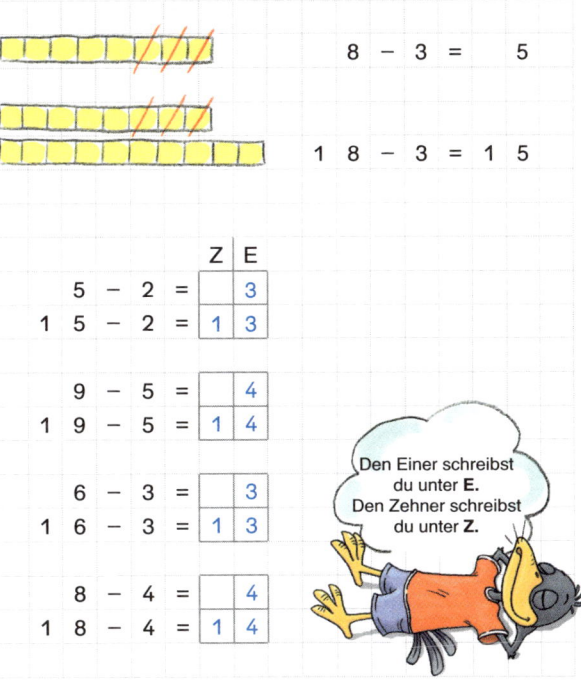

$8 - 3 = 5$

$1\ 8 - 3 = 1\ 5$

		Z	E
$5 - 2 =$			3
$1\ 5 - 2 =$		1	3
$9 - 5 =$			4
$1\ 9 - 5 =$		1	4
$6 - 3 =$			3
$1\ 6 - 3 =$		1	3
$8 - 4 =$			4
$1\ 8 - 4 =$		1	4

Den Einer schreibst
du unter **E**.
Den Zehner schreibst
du unter **Z**.

Minusrechnen

Rechne die Minusaufgaben und streiche die passende
Anzahl weg.

$16 - 4 =$ 12

$15 - 3 =$

$17 - 5 =$

$14 - 2 =$

$17 - 6 =$

$16 - 2 =$

Minusrechnen

Rechne die Minusaufgaben und streiche die passende Anzahl weg.

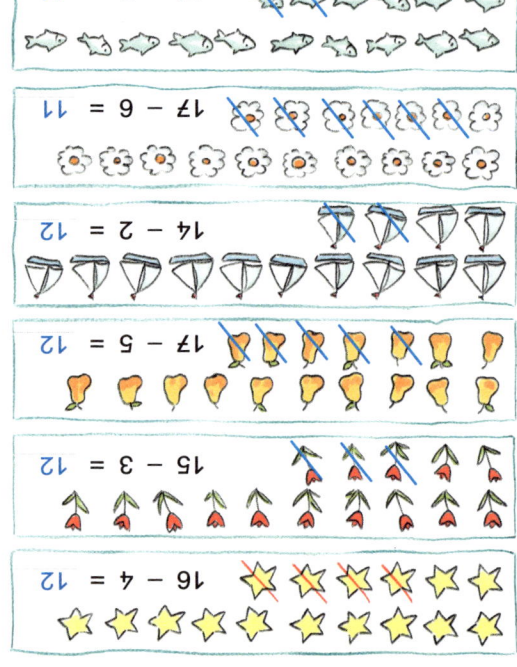

16 − 2 = 14

17 − 6 = 11

14 − 2 = 12

17 − 5 = 12

15 − 3 = 12

16 − 4 = 12

Rechne die Minusaufgaben in zwei Schritten.
Streiche die passende Anzahl Stifte weg.

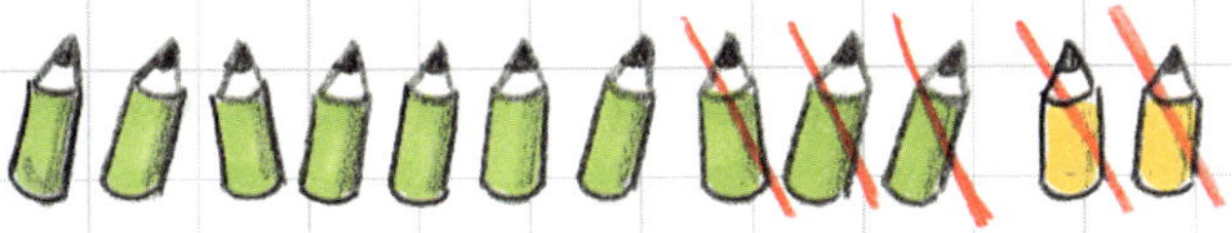

1 2 − 5

1 2 − 2 − 3 =

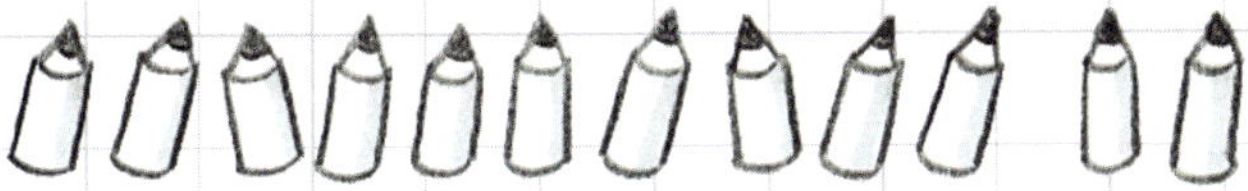

1 2 − 8

1 2 − 2 −   =

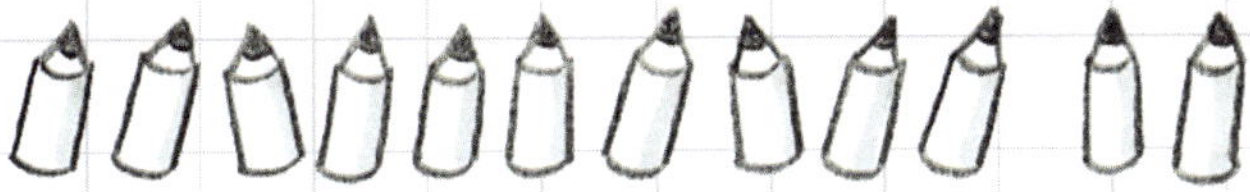

1 2 − 6

1 2 −   −   =

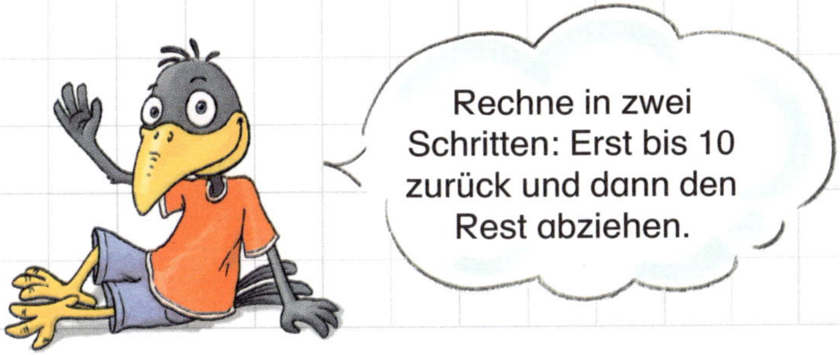

Rechne in zwei
Schritten: Erst bis 10
zurück und dann den
Rest abziehen.

121

Minusrechnen

Rechne die Minusaufgaben in zwei Schritten.
Streiche die passende Anzahl Stifte weg.

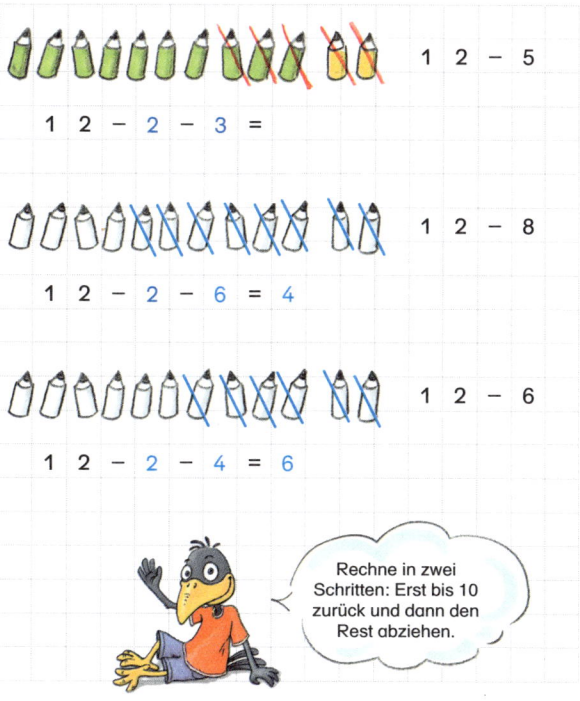

$$1 \quad 2 \quad - \quad 5$$

$$1 \quad 2 \quad - \quad 2 \quad - \quad 3 \quad =$$

$$1 \quad 2 \quad - \quad 8$$

$$1 \quad 2 \quad - \quad 2 \quad - \quad 6 \quad = \quad 4$$

$$1 \quad 2 \quad - \quad 6$$

$$1 \quad 2 \quad - \quad 2 \quad - \quad 4 \quad = \quad 6$$

Rechne in zwei
Schritten: Erst bis 10
zurück und dann den
Rest abziehen.

Rechne schrittweise und streiche die passende Anzahl der Stühle weg.

1 3 – 5   1 3 – 3 – 2 =

1 3 – 8   1 3 –   –   =

1 1 – 7   1 1 –   –   =

1 1 – 4   1 1 –   –   =

1 4 – 6   1 4 –   –   =

1 4 – 9   1 4 –   –   =

Minusrechnen

Rechne schrittweise und streiche die passende Anzahl
der Stühle weg.

13 − 5   13 − 3 − 2 =

13 − 8   13 − 3 − 5 = 5

11 − 7   11 − 1 − 6 = 4

11 − 4   11 − 1 − 3 = 7

14 − 6   14 − 4 − 2 = 8

14 − 9   14 − 4 − 5 = 5

Kannst du die Aufgaben lösen?

$16 - 8 \qquad = 8$
$16 - 6 - 2 = 8$

$14 - 7 \qquad =$
$14 - 4 - 3 =$

$13 - 6 \qquad =$
$13 - 3 - 3 =$

$15 - 9 \qquad =$
$15 - 5 - 4 =$

Ich rechne in einem Schritt:
$13 - 4 = 9$

Ich rechne schrittweise:
$13 - 3 - 1 = 9$

Minusrechnen

Kannst du die Aufgaben lösen?

1 6 − 8		=	8		
1 6 − 6 − 2		=	8		

1 4 − 7̶	=	7̶		
1 4 − 4 − 3	=	7̶		

1 3 − 6	=	7̶		
1 3 − 3 − 3	=	7̶		

1 5 − 9	=	6		
1 5 − 5 − 4	=	6		

Ich rechne in einem Schritt:
13 − 4 = 9

Ich rechne schrittweise:
13 − 3 − 1 = 9

Zu jeder Katze gehört ein Ball.
Male die Katzen und ihren Ball in der gleichen Farbe an.

4

17 − 9

15 − 8

13 − 7

5

9

8

14 − 9

12 − 8

16 − 7

6

7

3

12 − 9

Minusrechnen

Zu jeder Katze gehört ein Ball.
Male die Katzen und ihren Ball in der gleichen Farbe an.

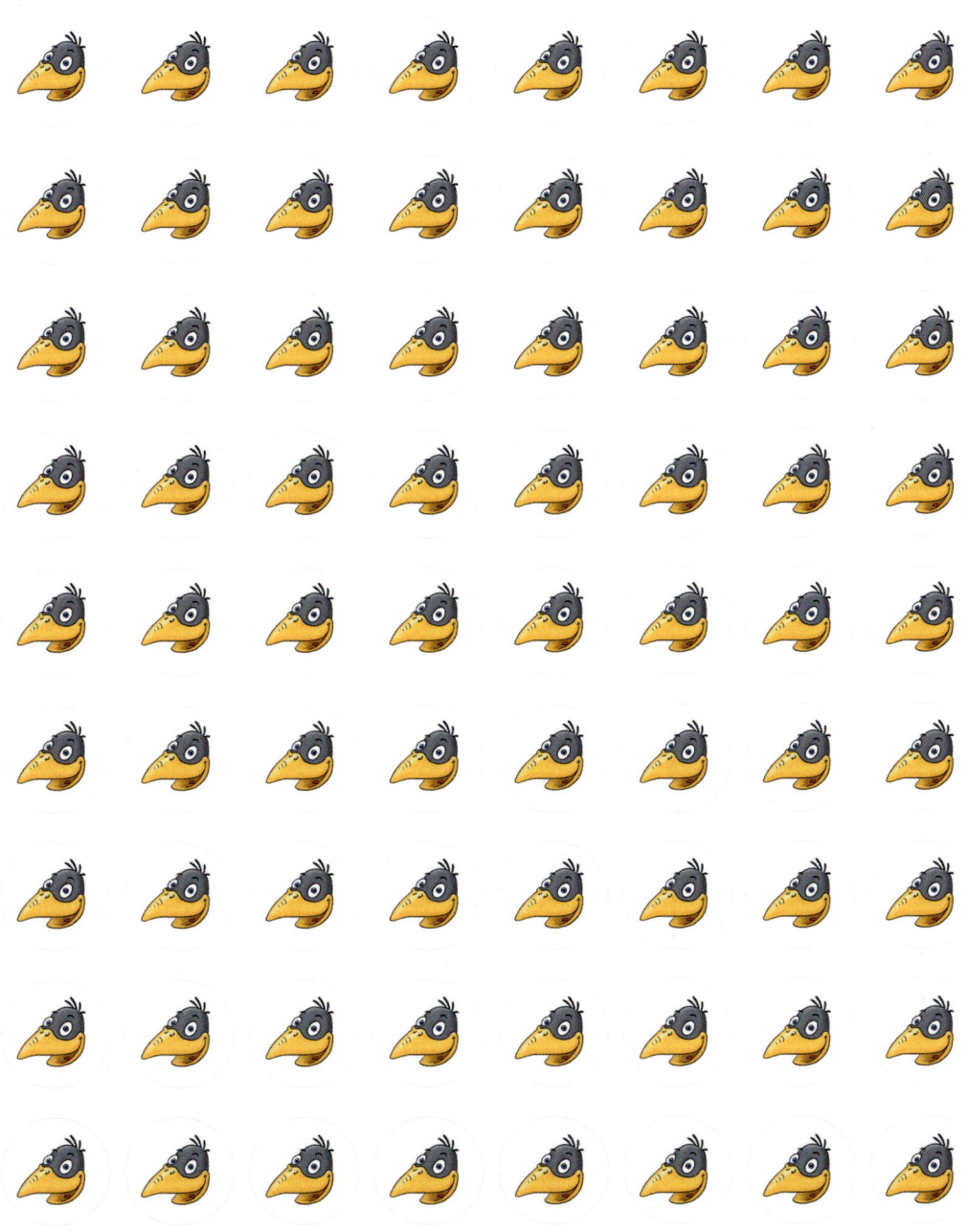